AVALIAÇÃO ESCOLAR
CONCEPÇÕES, DIMENSÕES E TRABALHO PEDAGÓGICO

Editora Appris Ltda.
1.ª Edição - Copyright© 2024 da autora
Direitos de Edição Reservados à Editora Appris Ltda.

Nenhuma parte desta obra poderá ser utilizada indevidamente, sem estar de acordo com a Lei nº 9.610/98. Se incorreções forem encontradas, serão de exclusiva responsabilidade de seus organizadores. Foi realizado o Depósito Legal na Fundação Biblioteca Nacional, de acordo com as Leis nos 10.994, de 14/12/2004, e 12.192, de 14/01/2010.

Catalogação na Fonte
Elaborado por: Josefina A. S. Guedes
Bibliotecária CRB 9/870

S586a
2024
	Silva, Elenyce Santos da
	   Avaliação escolar: concepções, dimensões e trabalho pedagógico / Elenyce Santos da Silva. – 1. ed. – Curitiba: Appris, 2024.
	   82 p. ; 21 cm. – (Educação, tecnologias e transdisciplinaridade).
	
	   Inclui referências.
	   ISBN 978-65-250-5683-8
	
	   1. Avaliação educacional. 2. Aprendizagem. 3. Mediação. I. Título. II. Série.
	
	                                                     CDD – 371.26

Livro de acordo com a normalização técnica da ABNT

Appris
editora

Editora e Livraria Appris Ltda.
Av. Manoel Ribas, 2265 – Mercês
Curitiba/PR – CEP: 80810-002
Tel. (41) 3156 - 4731
www.editoraappris.com.br

Printed in Brazil
Impresso no Brasil

ELENYCE SANTOS DA SILVA

AVALIAÇÃO ESCOLAR
CONCEPÇÕES, DIMENSÕES E TRABALHO PEDAGÓGICO

FICHA TÉCNICA

EDITORIAL	Augusto V. de A. Coelho
	Sara C. de Andrade Coelho
COMITÊ EDITORIAL	Marli Caetano
	Andréa Barbosa Gouveia - UFPR
	Edmeire C. Pereira - UFPR
	Iraneide da Silva - UFC
	Jacques de Lima Ferreira - UP
SUPERVISOR DA PRODUÇÃO	Renata Cristina Lopes Miccelli
PRODUÇÃO EDITORIAL	Daniela Nazario
REVISÃO	Andrea Bassoto Gatto
DIAGRAMAÇÃO	Bruno Ferreira Nascimento
CAPA	Daniela Baumgartner

COMITÊ CIENTÍFICO DA COLEÇÃO EDUCAÇÃO, TECNOLOGIAS E TRANSDISCIPLINARIDADE

DIREÇÃO CIENTÍFICA Dr.ª Marilda A. Behrens (PUCPR)   Dr.ª Patrícia L. Torres (PUCPR)

CONSULTORES
- Dr.ª Ademilde Silveira Sartori (Udesc)
- Dr. Ángel H. Facundo (Univ. Externado de Colômbia)
- Dr.ª Ariana Maria de Almeida Matos Cosme (Universidade do Porto/Portugal)
- Dr. Artieres Estevão Romeiro (Universidade Técnica Particular de Loja-Equador)
- Dr. Bento Duarte da Silva (Universidade do Minho/Portugal)
- Dr. Claudio Rama (Univ. de la Empresa-Uruguai)
- Dr.ª Cristiane de Oliveira Busato Smith (Arizona State University /EUA)
- Dr.ª Dulce Márcia Cruz (Ufsc)
- Dr.ª Edméa Santos (Uerj)
- Dr.ª Eliane Schlemmer (Unisinos)
- Dr.ª Ercilia Maria Angeli Teixeira de Paula (UEM)
- Dr.ª Evelise Maria Labatut Portilho (PUCPR)
- Dr.ª Evelyn de Almeida Orlando (PUCPR)
- Dr. Francisco Antonio Pereira Fialho (Ufsc)
- Dr.ª Fabiane Oliveira (PUCPR)
- Dr.ª Iara Cordeiro de Melo Franco (PUC Minas)
- Dr. João Augusto Mattar Neto (PUC-SP)
- Dr. José Manuel Moran Costas (Universidade Anhembi Morumbi)
- Dr.ª Lúcia Amante (Univ. Aberta-Portugal)
- Dr.ª Lucia Maria Martins Giraffa (PUCRS)
- Dr. Marco Antonio da Silva (Uerj)
- Dr.ª Maria Altina da Silva Ramos (Universidade do Minho-Portugal)
- Dr.ª Maria Joana Mader Joaquim (HC-UFPR)
- Dr. Reginaldo Rodrigues da Costa (PUCPR)
- Dr. Ricardo Antunes de Sá (UFPR)
- Dr.ª Romilda Teodora Ens (PUCPR)
- Dr. Rui Trindade (Univ. do Porto-Portugal)
- Dr.ª Sonia Ana Charchut Leszczynski (UTFPR)
- Dr.ª Vani Moreira Kenski (USP)

*Para os saudosos vó Rosa, tio Antonio Pedro, tia Rita (in memoriam).
E aos meus pais, que sempre sonharam comigo.*

EU AGRADEÇO

A Deus, em quem me refugio em todos os momentos.

Aos meus pais, Maria da Penha e José Pedro, que mesmo com suas limitações educaram-me e ensinaram-me o valor da vida. Eles não tiveram a oportunidade de estudar, trabalhavam na roça e vendiam o que cultivavam para manter meus estudos. À vó Rita Bezerra, essa mãe com quem Deus tem me presenteado, obrigada por suas orações e cuidados.

Aos meus filhos genéticos, Hidequel e Emiliee, que muitas vezes abriram mão de seus momentos comigo para que eu tivesse tempo de estudar. À minha filha de coração, Samarina, que acompanhou uma parte da minha trajetória, sendo meu porto seguro nos dias mais sensíveis da minha vida acadêmica.

Aos meus irmãos, Zynha, Luciene e José Filho. Vocês são e sempre foram as pessoas com quem sempre pude contar. Aos meus cunhados Erinaldo e José Carlos, em especial à minha cunhada Mara Efigênia, que sempre me deu forças nos momentos mais difíceis.

Ao meu amigo Élison Vieira, que esteve ao meu lado sempre que precisei. A todos os professores que contribuíram para minha formação como pessoa e como profissional, sem deixar de mencionar três pessoas que marcaram a minha vida universitária, Carliana Dutra, Francicleide Cesário e Judite Gurgel.

Em especial, ao meu professor orientador de alguns artigos universitários, o professor Me. Márcio Jocerlan de Souza, que também foi escolhido para fazer o prefácio desta obra por ser uma das pessoas mais marcantes da minha trajetória. Desde que o conheci nunca mais ele teve sossego (risos). A ele, a minha gratidão, e que ele permita-me continuar sendo sua aluna.

Ao homem da minha vida, que me suporta em todos os momentos e cuida de todos os detalhes do meu dia, Anderson Santos.

Minha gratidão a todos que acreditam em mim e torcem por minhas conquistas.

Um forte abraço!

PREFÁCIO

A avaliação é um tema controverso que ocupa lugar e atenção na prática educativa dos professores. O processo de ensino abriga, intrinsecamente, a preocupação com a demonstração da aprendizagem construída, afinal de contas, quem ensina algo, espera que o outro aprenda. Contudo, não tem se mostrado fácil, nas práticas escolares, o desenvolvimento de processos de avaliação da aprendizagem que assegurem ao professor que seu esforço didático-pedagógico foi alcançado. É evidente que o processo de ensino-aprendizagem tem um componente importante a ser considerado: a decisão do aluno em participar.

A escola, enquanto *espaço-tempo* de formação e instituição social, é fundamental ao pensamento e a construção do homem moderno, caracterizando-se, sobretudo, por estar situada em um contexto histórico, político, econômico-social que reclama por respostas aos desafios postos. Nesse sentido, a formação do homem e da mulher para viver e conviver em sociedade envolve múltiplos aspectos, *saberes* e *fazeres* sociais necessários, consciência crítica e participação ativa. Não há cidadania sem a participação do cidadão, da cidadã no processo de luta pela melhoria da qualidade de vida, pela inclusão de todos, pelo fim das desigualdades sociais em todas as suas formas históricas de manifestação.

A participação e o envolvimento do cidadão, da cidadã nas questões de interesse público é condição *sina qua non* para o desenvolvimento do espírito solidário entre as pessoas e para a construção de uma sociedade preocupada com acolhimento enquanto forma de expressão do espírito humano iluminado pela razão, que relaciona a formação escolar com a cultura experienciada, com a saber historicamente produzida pelo homem, com as artes e a estética, com a ética e tecnologia que potencializam a vida em coletividade na perspectiva da paz, da boa convivência. Dessa maneira, se é na escola que, em grande parte, o cidadão e a cidadã se constroem enquanto indivíduos e coletividade, não tem como alcançar isso sem envolvimento em seu próprio processo de aprendizagem.

Nesta obra, a professora *Elenyce Santos da Silva*, nos oportuniza uma discussão contextualizada sobre o processo de avaliação escolar a partir de sua vivência enquanto docente no *espaço-tempo* da sua sala de aula. Ao abordar a avaliação, considerando concepções, dimensões e trabalho pedagógico, demonstra a indissociabilidade entre teoria e prática no trabalho docente, muitas vezes cindida em dois momentos por muitos educadores como se a teoria não tivesse relação com a prática e vice-versa. Ao contrário disso, a autora demonstra que as práticas de avaliação escolar tem íntima relação com as concepções sobre o processo — inclusive discutindo se é um processo ou um momento estanque — a partir das quais o professor forja estratégias, metodologias e formas de avaliar a aprendizagem do aluno.

A avaliação é um importante momento do processo de ensino-aprendizagem que só tem sentido quando o principal interessado em aprender participa dele de forma consciente e colaborativa, pois a avaliação necessariamente tem que ser mediadora e formativa se objetivamos alcançar a formação humana na perspectiva da construção da autonomia do aluno. E, é dessa forma, colaborativa e instigante que a autora apresenta seu trabalho em sala de aula com uma turma de 5º ano do Ensino Fundamental em que envolve, de maneira didático-pedagógica, seus alunos e suas alunas no processo de construção de suas próprias aprendizagens por meio do Projeto Avaliativo Participante.

O livro é um excelente convite à reflexão, aprofundamento de conhecimentos e discussão sobre a avaliação escolar, ao mesmo tempo que se constitui em um riquíssimo passeio pela sala de aula em que é possível acompanhar a articulação *teoria-prática* nos *saberes-fazeres* cotidiano do professor, que envolve de maneira consciente e colaborativa os alunos e alunas no processo de avaliação de suas aprendizagens. Ao passar esta página você entrará na sala de aula da professora *Elenyce* e dialogará construtivamente com seu trabalho pedagógico de sala aula que inclui o aluno e a aluna como sujeitos autores aprendentes. Será um prazeroso passeio, aproveite.

Prof. Me. Márcio Jocerlan de Souza
UERN/Assú

APRESENTAÇÃO

Caro Leitor...

Seja bem-vindo ao livro *Avaliação Escolar: concepções, dimensões e trabalho pedagógico*. Elaborei o conteúdo desse livro com zelo e atenção, espero que goste do material, pois durante todo o processo procurei encontrar as melhores fontes para fundamentar o projeto ao qual me dediquei a desenvolver com a perspectiva de abrir novos horizontes ao processo avaliativo escolar.

O objetivo do presente livro é proporcionar aos acadêmicos, professores e até mesmo aos pais e alunos a compreensão de que o processo avaliativo pode traçar outros caminhos se observado de uma perspectiva diferente.

Desde a infância, eu brincava de ser professora, e nas minhas brincadeiras, eu era a professora que eu queria ter. A professora que não se preocupa se o aluno chegou com o rótulo de pior, se veio com notas baixas, se é emotivo, ou bagunceiro, se ele teve acesso a uma boa educação ou renda familiar. Eu perguntava na brincadeira de "escolinha" o que eu gostaria de ouvir na sala de aula e nunca ouvi: Qual o motivo? Como mudar isto? Como devo ensinar?

As características dessa professora incorporaram em mim, e uma delas é não deixar o aluno desconfortável nas provas, pois há outros meios de conseguir aprovação, que também não daria pontos no último bimestre para que ele passasse de ano, e nem precisaria retirar as faltas para que ele não fosse envergonhado, pois temos o ano inteiro para transformar a visão do aluno sobre o seu futuro.

Eu sonhava com a professora que hoje sou e tenho muito orgulho de ser "a diferentona", a professora que mostra o caminho e oferece algo em troca do que se conquista, que mostra caminhos que possam ser percorridos conquistando desenvolvimento, e depois de conhecer esses caminhos, a participação do aluno altera totalmente sua perspectiva e ele passa a refletir sobre quão prazeroso é ser promotor do seu desenvolvimento.

Na maioria das escolas, avalia-se o nível de aprendizagem em provas. Neste livro, vou apresentar um projeto avaliativo que o denominei de **Avaliação Participante**, como o próprio nome já diz, o educando é participante do seu processo avaliativo, de forma que passará a enxergar novas formas de conquistar o desenvolvimento de suas qualidades como pessoa ativa no processo de desenvolvimento de aprendizagem, enquanto o educador, terá a oportunidade observar o desempenho do aluno, bem como, participar da melhoria em seu desenvolvimento pessoal e cognitivo, sugerindo ações que possam gerar empoderamento educativo, oportunizando-os a serem capazes de tomarem decisões sobre o seu processo de desenvolvimento.

Meus sinceros agradecimentos por ter a oportunidade de mostrar o meu trabalho, espero que se apaixonem pelo tema e busquem não somente usar o meu projeto, mas aperfeiçoá-lo.

Um forte abraço e boa leitura!

Prof.ª Esp. Elenyce Santos

Avaliação: um momento privilegiado de estudo, não um acerto de contas.
(Moretto)

SUMÁRIO

INTRODUÇÃO 17

1
CONCEPÇÕES PEDAGÓGICAS DA AVALIAÇÃO ESCOLAR 19
1.2 Examinar para avaliar 22
1.3 Medir para avaliar 25
1.4 Avaliar para classificar ou regular 28
1.5 Avaliar para qualificar 30

2
AVALIAÇÃO MEDIADORA E FORMATIVA 33
2.1 Educação no brasil: a escola e o percurso das ideias pedagógicas 33
2.2 O que entendemos como mediador 39
2.3 O que entendemos como formativo 44

3
EXPERIÊNCIA AVALIATIVA
NO 5º ANO DE UMA ESCOLA PÚBLICA 51
3.1 Intervenção pedagógica 51
   3.1.1 A recepção 52
   3.1.2 Estudo de caso 54
   3.1.3 Executando o projeto avaliativo participante 55
3.2 Resultados e discussões 63

CONSIDERAÇÕES FINAIS 75

REFERÊNCIAS 79

INTRODUÇÃO

1

CONCEPÇÕES PEDAGÓGICAS DA AVALIAÇÃO ESCOLAR

A avaliação escolar vem sendo o objeto de estudo de muitos teóricos, que apontam falhas em suas formas de realização. Entre elas destaca-se a sua função de exclusão, medida ou de excelência. Nas discussões sobre a escola e suas metodologias avaliativas, pesquisadores da área vêm debatendo a importância de se pensar novas maneiras que possam modificar essa cultura, que é de cunho classificatório e que hierarquiza os alunos, mostrando-se, assim, serem práticas excludentes e de mera mensuração. Tais discussões permeiam duas perspectivas quanto ao caráter da avaliação, a saber: o transformador[1] e o conservador[2].

Em sua obra *Avaliação: da excelência à regulação das aprendizagens entre duas lógicas*, Perrenoud (1999) fala do surgimento das práticas avaliativas como elementos fundamentais ao processo de ensino escolar que, embora enquanto ideia existia de forma difusa na vida cotidiana desde o século XVII, torna-se, contudo, elemento importante, obrigatório e indissociável aos processos de ensino no século XIX quando a escola populariza-se como lócus da formação do homem moderno.

Perrenoud (1999) indaga sobre a existência de uma história escolar em que a avaliação da aprendizagem apresenta-se com níveis e graus de exigência, de modo a levar os pais, que já passaram pela

---
[1] O caráter transformador diz respeito às concepções de avaliação que enfatizam sua importância no processo de aprendizagem como elemento que possibilita a participação ativa do aluno na construção de seu próprio conhecimento.
[2] O caráter conservador da avaliação reforça o uso de métodos autoritários e que supervaloriza procedimentos de verificação de cunho mecanicista com períodos fixos bimestrais, semestrais ou finais.

escola, a temerem que seus filhos passem pelas situações e pelas emoções por eles vivenciadas, especialmente aquelas que remetem ao sentimento de fracasso, de incompetência e de exclusão. Nesse sentido, ao refletir sobre sua indagação, o autor destaca o caráter de julgamento implícito nas práticas tradicionais de avaliação escolar.

Em oposição a essa forma de encarar a avaliação escolar, o autor entende como formativa a avaliação que entrega ao aluno todos os recursos existentes e possíveis para a produção do conhecimento. Uma metodologia que vem sendo, desde o início, defendida pelos pedagogos progressistas como uma avaliação a mais a serviço do aluno do que dos sistemas escolar, político e econômico da sociedade.

Nesse sentido, compreendemos que se a escola existe para formar o aluno para a sociedade, ela deveria estar moldada dentro de critérios que formam o indivíduo seguindo os padrões da ética e da moral que oportunizem o diálogo entre sua dimensão pessoal subjetiva e a dimensão social dos padrões postos como referências para a formação e não colocar em crise os valores e a cultura. Em outras palavras, a avaliação formativa deve levar o aluno a refletir sobre ele mesmo, observando qual o seu papel na sociedade e dentro dessa reflexão perceber-se na própria avaliação.

A perspectiva transformadora da avaliação parte do seu princípio emancipatório, em que o educando forja processualmente o seu desenvolvimento, levando em conta que está sendo avaliado por suas conquistas individuais e coletivas, possibilitando mudanças em diversas dimensões, enquanto que a perspectiva conservadora e tradicionalmente comum nas práticas escolares configura-se como um instrumento de classificação do aluno, o que o leva a buscar alcançar metas estabelecidas pelo professor, expressas por meio de avaliações bimestrais que supostamente mensuram e comparam resultados que determinarão um avanço ou não dele dentro das exigências determinadas pelas políticas educacionais em vigor

Ainda sobre as discussões quanto ao caráter e às práticas de avaliação escolar, Cocco e Sudbrack (2012, p. 2) afirmam que: "a forma que avaliação é planejada, aplicada e como os resultados são analisados e transformados em ações, essa pode tanto emancipar quanto se tornar um objeto de controle". A avaliação, portanto, pode ser um instrumento importante e ter um grande papel na educação, porém, quando usada para fins de competição, tende a rotular os alunos e a classificá-los como bem-sucedidos ou malsucedidos. Em consequência a essa classificação, os bem-sucedidos acreditam na própria força e buscam muito mais, e o oposto acontece com os malsucedidos, ou seja, a baixa autoestima leva a desacreditarem-se, perdendo-se no caminho, desistindo de sua autonomia.

Para Zanelatto (2008, p. 6), "na escola podemos formar a sociedade que desejamos", porém há uma divergência em algumas metodologias, que não avaliam a diversidade dos alunos, ignorando as diferenças sociais e econômicas, limitando a maioria dos sujeitos, que são menos favorecidos, buscando apenas o que o sistema determina sem oportunizar a demonstração de novas competências a serem avaliadas e que, muitas vezes, não estão vinculadas ao padrão institucional, mas fazem parte diretamente da vida do aluno.

Tais práticas podem rotular os educandos em bem e os malsucedidos, pois advêm de conceitos quantitativos, e podem ser conquistadas a partir de conhecimentos adquiridos ou forjados na tentativa de contemplar as metas exigidas pela organização escolar, bem como de um esforço de memorização em que o conteúdo será fixado até a conquista do objetivo esperado. Segundo Cocco e Sudbrack (2012, p. 2), "ao implantar um sistema educativo competitivo, além de aumentar as desigualdades, o professor perde sua autonomia, seguindo regras impostas para cumprir metas quantitativas do governo".

Outra análise das formas de avaliação comuns na escola que é perceptível é o fato de elas serem utilizadas no sentido contrário ao que elas deveria ser, ou seja, a ideia de avaliar é construir a autonomia e traçar novos projetos de aquisição de conhecimentos a partir dos que o educando já tem, mas que já vêm causando exclusão e imposição de normas e metas a serem cumpridas, transformando alunos em produtores de números para o estado e/ou instituição de ensino. Nesse contexto, Gatti *apud* Chueiri (2008, p. 13) afirma que "medir é diferente de avaliar". Essa perspectiva afirma que avaliar é construir um significado no que estamos analisando, considerando os valores sociais dentro do processo de avaliação.

Essas práticas comuns de avaliação nas escolas têm causado prejuízos visíveis, pois altera o desenvolvimento do aluno e, consequentemente, torna-o alguém de baixa autoestima, passando a ser considerado algumas vezes como um fracassado não apenas dentro da sala de aula, mas levando para o resto de sua vida uma carga que o faz não acreditar mais em suas habilidades.

> As escolas passam a ter uma autonomia muito mais retórica do que real, sendo responsabilizadas pelos maus resultados obtidos e o Estado, por sua vez, ausenta-se das obrigações de protetor e defensor da sociedade civil (COCCO; SUDBRACK, 2012, p. 11).

O posicionamento dos autores leva-nos a entender que as práticas comuns de avaliação das escolas, orientadas pelos órgãos gestores superiores, restringem a autonomia das instituições, levando a entender que mesmo que as escolas busquem mudar suas práticas avaliativas, ainda têm que atender às exigências do Estado. E bem sabemos que algumas instituições coagem professores a mudarem registros de mau desempenho de alunos nos diários para não serem penalizadas pelo baixo índice alcançado, o que, às vezes, pode até resultar em corte de verbas caso não atenda às metas quantitativas estabelecidas pelos governos e pelas políticas em vigor.

1.2 EXAMINAR PARA AVALIAR

Considerando que na seção anterior expomos algumas concepções pedagógicas, subsidiadas por uma análise bibliográfica de teorias de três grandes pesquisadores de metodologias avaliativas – Perrenoud (1999), Luckesi (2011) e Hoffmann (2013), entre outros autores que escreveram sobre o tema – tentei entender alguns questionamentos, tais como: onde a classificação pode levar o aluno? Quais caminhos lhes são ofertados diante de uma avaliação que os designam a formar um placar numérico que pode ou não o fazer avançar na escola?

A escola é um espaço de construção de pessoas por meio do conhecimento e da cultura. Portanto o trabalho educativo necessariamente deve revestir-se e traduzir-se em intenções pedagógicas coletivamente assumidas que balizaram as ações pedagógicas, notadamente as do professor. Nesse sentido Luckesi (2011), afirma que

> [...] em cada ação nossa, fazemos alguma coisa e procuramos ter entendimento de como agimos e do porquê agimos daquela maneira, o que nos ajuda a construir-nos e, ao mesmo tempo, a aperfeiçoar nossa ação, para, numa próxima vez, agirmos com maior adequação (LUCKESI, 2011, p. 81).

Refletindo nessa fala, é possível chegar ao entendimento de que as metodologias avaliativas devem ser aplicadas com o intuito de gerar entendimento das ações a serem avaliadas para, assim, aperfeiçoar-se e adequar-se a algo mais apropriado, sendo a avaliação aplicada de modo reflexivo para transformar as próximas atitudes do aluno.

Se o educando foi levado a crer que a classificação numérica obtida em seu boletim é o que marca o seu desenvolvimento escolar e não está dentro dos padrões de aprendizagem que se encaixa no sistema de ensino, ele começa a trabalhar para obter bons resultados em suas avaliações. Nesse sentido, poderá percorrer três possíveis caminhos: construir habilidades de memória, assumir papel de fracassado ou tornar-se uma fraude.

No primeiro, *construir habilidade em memorizar* e transferir para a folha, engana-se como um bom estudante, mas consegue autoestima por meio dos números, sendo rotulado como "melhor aluno". Para Zanelatto (2008, p. 15): "a motivação da aprendizagem contínua baseada em mecanismos de premiação e castigos", sendo a premiação aos mais habilidosos, que gostam de desafios, e castigos aos que têm maiores dificuldades.

No segundo caminho permeiam os que passam a *assumir o papel de fracassado*. A busca por números são tentativas frustradas, pois cada pessoa tem uma forma diferenciada de aprendizagem, bem como uma maneira diferente de repassar o que sabe. Nesse sentido, os números na forma de notas não dão conta de expressarem a complexidade envolvida no desempenho do aluno. Luckesi (2011, p. 407) fala a respeito dessa avaliação no modo de registros, ressaltando que "a forma mais comum de registro tem sido numérico, que denominamos de "nota" e usualmente serve de uma escala decimal que varia de 0 à 10".

Há aquele aluno que não consegue passar para o papel o seu conhecimento e começa a não acreditar em si, pois ninguém dá importância ao seu estilo de demonstrar o que ele sabe, tornando-se reprimido, frustrado, desacreditado e rotulado como aquele que "não sabe de nada" por serem suas notas baixas.

O terceiro caminho é a *fraude*, que é bem comum nas escolas. Nesse caso, o aluno passa a dar mais credibilidade aos números e, em decorrência disso, sabe que existem maneiras de conquistar esses números como expressão de seu desempenho, passando a não dar mais importância à sua participação nas atividades, nas pesquisas, nas formações de grupos de estudos e tantas outras atividades que podem leva-lo à aquisição de conhecimentos, pois a escola habituou-o ao fato de que a nota final é o que o classifica, e ele consegue essa classificação com fraudes escolares (mais conhecidas como cola ou fila), tornando-se aquele que "não quer nada da vida".

Assim, é preciso decidir como avaliar de modo a levar o aluno a refletir sobre os benefícios de ser avaliado, como ele pode usar a avaliação para o seu desenvolvimento pessoal e o quanto pode ser destrutivo ser apenas um "copista", alguém que recebe um número que nem é mérito seu. Santos e Varela (2007, p. 2), sobre as tomadas de decisões na avaliação, afirmam que "uma ação que pode atribuir valor ou qualidade, que pode ser uma decisão que será contra ou a favor do avaliado". Um aluno que descobre o caminho da fraude, supostamente alcança o sucesso escolar, mas o curso de suas ações não o qualifica para obter resultados como cidadão.

Nas novas perspectivas de metodologias avaliativas, o desafio é avaliar sem medir, ao mesmo tempo em que buscamos saber mais sobre uma avaliação que não retraia ou atemorize o educando, mas possa gerar emancipação em suas atitudes, sabendo que a avaliação abrirá caminhos para acrescentar seus conhecimentos e sistematizar suas habilidades, podendo, assim, reconquistar a sua segurança no fazer e no aprender. Quanto a isso, Hoffmann (2013, p. 37) afirma que é necessário "compreender e reconduzir a avaliação numa perspectiva construtivista e libertadora".

A autora defende que a avaliação não deve ser uma prática automatizada que advém de uma histórica feição autoritária e classificatória. Segundo ela, para resolver esse desafio é necessária uma tomada de consciência e "o maior desafio entre os desafios é ampliar-se o universo dos educadores preocupados com o 'fenômeno avaliação', estender-se a discussão do interior das escolas a toda a sociedade [...]" (HOFFMANN, 2013, p. 35).

Portanto a avaliação deve estar intimamente atrelada à prática pedagógica, não sendo possível avaliar o aluno quando ele não teve a autonomia de realizar o trabalho de acordo com seu entendimento.

1.3 MEDIR PARA AVALIAR

Em suas considerações referentes ao processo avaliativo escolar, Chueiri (2008) apresenta suas reflexões a partir de dois ângulos: um psicológico e outro que se configura enquanto uma contribuição da Psicologia à avaliação, o que, nesse caso, seria uma avaliação qualitativa, porém medida. Para Chueiri (2008, p. 55),

> [...] a concepção de avaliação como processo de medida teve sua origem no início do século XX, nos Estados Unidos, com os estudos de Thorndike, houve avanços nos estudos da área e no início do século XX, a contribuição da Psicologia à avaliação educacional.

Nos dias atuais, se o professor for consciente de que é um mediador, oportunizará o aluno a produzir seu trabalho dentro da base que lhe foi sugerida como produtora de conhecimento, sabendo que a produção pode ser igual ao esperado, assim como superior ou inferior ao seu objetivo, mas na avaliação devem ser levados em conta o desempenho e a participação e não o produto final. Nesse sentido, afirmam Gonçalves e Larchert (2011, p. 27):

> Não podemos confundir mediação com informação.
> A avaliação mediadora é muito mais que informar o desempenho do aluno, é dialogar com ele sobre seu processo de aprendizagem, discutindo sobre suas dificuldades e superações.

Avaliar vai além de observar uma produção que é fruto do que foi determinado, ou por vezes até desfeito e refeito até se alcançar o objetivo do professor. O processo avaliativo deve estar ligado a vários contextos, desde a forma de aquisição do aluno à sua participação e ao seu desenvolvimento em sala, ao seu contexto socioeconômico e às habilidades físicas e cognitivas. Nessa perspectiva, o professor precisa conhecer aquele a quem está avaliando. Não há como acontecer uma avaliação contextualizada quando a sala é heterogênea e a metodologia de avaliação acontece de forma homogênea.

Para Jacomini (2010, p. 60):

> [...] a avaliação é imprescindível à atividade humana e constitui uma forma de promoção das ações, na medida em que o homem pode decidir o que é melhor com base num conjunto de valores e análise técnica. Os processos avaliativos não causam danos ou constrangimento quando são realizados em função de buscar as melhores formas de buscar objetivos individuais ou coletivos; porém, costumam ser danosos quando servem à classificação e seleção.

É bem verdade que há limites e que é preciso privacidade em certos sentidos para que haja um reconhecimento do professor como a "voz" da sala, ficando claro que é ele quem deve resolver as questões de ordem e respeito, mas que isso não significa que ele deve visto como alguém isolado do aluno.

A esse respeito, Marinho (2010) afirma que é preciso rever os papéis (professor-aluno), pois o professor tem perdido sua autoridade em sala de aula e a indisciplina vem aumentando cada vez mais. Para Marinho (2010, p. 206) são vários os fatores que têm contribuído para isso, destacando-se:

> Rever – e efetivamente praticar – os [novos] papéis de quem ensina e de quem aprende em uma escola do século XXI talvez seja um obstáculo mais simples a superar, ainda que isso possa causar incômodos, notadamente no caso dos professores que são constantemente chamados a, de certa forma, abrir mão de parte de sua autoridade. Temos que convir que apesar de, ao menos no discurso, os professores estarem imbuídos de autoridade, a indisciplina que invade as salas de aula é motivo para considerarem que não podem ceder mais. Certamente são muitos os fatores que acabam contribuindo para a indisciplina – turmas com excesso de alunos, aulas que não convocam os estudantes para o engajamento, conteúdos que nada significam para a vida cotidiana dos estudantes, dentre outros [...].

Para que aconteça a troca de conhecimento deve existir diálogo entre os que participam do espaço da sala de aula e a interação é a melhor forma de promover conhecimento entre pessoas de perspectivas diferentes. No entendimento de Lima e Grillo (2010, p. 24), a avaliação precisa ser entendida não somente pelo professor, mas também pelo aluno, ou nada adiantaria dar continuidade ao ensino. Nesse contexto, eles afirmam que "a partir da análise dos resultados e preferentemente discutidos pelos dois. É um esforço no sentido de tornar a avaliação uma atividade que necessita ser compreendida também pelo aluno" (LIMA; GRILLO, 2010, p. 24).

Há casos em que se é necessária a realização de atividades em grupo para que, assim, o professor possa observar com certa equidistância a desenvoltura de cada aluno de sua sala e perceber os avanços nos desenvolvimentos individual e social. Por outro lado, o aluno precisa estar ciente de que está sendo avaliado. Ainda sobre esse aspecto avaliativo, Lima e Grillo (2010, p. 25) afirmam:

> A função da avaliação de processo é fornecer ao aluno e, ao mesmo tempo ao professor, evidências de como está sendo realizada a aprendizagem, o que precisa ser feito para melhorá-la, onde se constatam lacunas, qual a lógica do aluno ao emitir uma resposta.

Nessa perspectiva, devemos observar a avaliação como uma ferramenta de melhoramento de funções. O aluno ela deve qualificar como observador de seu aprendizado e de como pode melhorar o seu desempenho, e o educador deve analisar sua metodologia de ensino e suas estratégias como mediador de ensino e aprendizagem.

1.4 AVALIAR PARA CLASSIFICAR OU REGULAR

Acreditamos que mesmo diante de tantos estudos sobre o tema, alguns educadores ainda estão ligados ao rótulo e à numeração. Quando isso ocorre, alguns cenários são comuns em sala de aula; a exemplo: aquele estudante que se senta sempre calado no final da fila sem que seja necessário chamar a sua atenção é como se fosse o aluno dos sonhos, mas depois vem a frustração com a numeração adquirida por meio dos testes e das provas; o comportamento, que deveria ser avaliado, foi deixado para trás, e o resultado que o professor esperava do aluno não veio no teste que ele pensou ser eficiente para medir o que ele ensinou.

Outro exemplo: o aluno tem um comportamento inquieto, mas seu resultado numérico não é divergente ao do aluno quieto, e isso leva o professor à loucura, porque ele passa a entender, por suas próprias concepções, que o erro está em que o tímido é ininteligente, pois, apesar de ser um bom aluno, ele não alcança bons resultados e, pior, tem os mesmos resultados do inquieto, que não quer nada com a vida; ou seja, quando a avaliação é baseada em números, sem uma análise holística, não há outra explicação senão ininteligência ou falta de interesse.

Para Lima e Grillo (2010, p. 26) é preciso tomar decisões quanto à maneira de analisar resultados: "Identifica, numa avaliação geral, o grau em que os resultados foram ou não alcançados. É aí que reside a diferença entre as duas modalidades da avaliação", ratificando que, independentemente da disciplina ou do curso, tem que haver um processo para identificar de forma mais ampla o aprendizado do aluno.

Se usarmos um olhar linear e um pouco afastado da realidade de quem está no círculo desses dois contextos, é interessante analisar:

- No primeiro cenário – O que leva o garoto ao silêncio? Se está ouvindo o professor, não aprendeu ou aprendeu e não conseguiu se expressar? Haveria um motivo para não assimilar o conhecimento?

- No segundo cenário – O que leva o garoto a chamar a atenção sempre e ser inquieto? Se veio à escola, qual o motivo de o professor ser desinteressante ao ponto de não ser ouvido?

E esses dois fatores, por sua vez, levam a outras perguntas: como será a vida social desses alunos? Será que ambos precisam de atenção e têm modos diferenciados de demonstrar isso? Há alguma necessidade especial por trás desses comportamentos? Esses questionamentos devem ser feitos antes de se rotular um aluno porque isso é avaliar, ou seja, não podemos falar de um produto sem saber como ele foi produzido.

Tais indagações levam o professor a outras perguntas que culminam na avaliação de sua prática pedagógica, o que muitos não aceitam, pois acreditam serem perfeitos demais para adaptarem-se à realidade. "A autoavaliação repercute de forma direta na prática educativa, tornando mais exigente a mediação pedagógica" (GRILO; FREITAS, 2010, p. 46). Mas o educador deve ser flexível e perguntar-se: como devo trabalhar com os que estão sempre tímidos e como envolvê-los nas atividades? Será que minhas aulas não são interessantes e por isso o aluno não interage e perturba o tempo todo? Como tornar minha aula atrativa e diversificada?

De acordo com Grilo e Freitas (2010, p. 45): "A avaliação deve estar presente não somente no aluno, ela deve iniciar no professor, não se pode alcançar um objetivo de um plano de aula se você não conhece sua prática e o sentido pelo qual está introduzindo tal conteúdo na sua sala". Nesse modo, o educador deve saber como está avaliando, qual objetivo quer obter com a metodologia avaliativa, inteirar-se de que ele também está se autoavaliando, assim como o educando também precisa saber como está sendo avaliado para que possa desenvolver bem suas funções como protagonista do seu desenvolvimento pessoal e cognitivo.

A aula deve ser projetada como se fosse uniforme de um coral: todos devem estar com o mesmo estilo, mas com tamanhos diferentes equivalentes, o que resulta em uma linda melodia, com vozes e tons divergentes na altura, tempo e afinações, entre tantas outras distinções sonoras. Ou seja, assim como o maestro tenta alcançar a melodia perfeita lidando com tanta diversidade, o educador deve desenvolver a sua aula para conseguir um mesmo objetivo dentro de uma sala com seres diferentes e cheios de singularidades.

1.5 AVALIAR PARA QUALIFICAR

Perrenoud (1999) trata a avaliação como uma criação de excelência em que os alunos são comparados para, então, serem classificados em bons, ruins ou menos ruins. Para o autor, essa avaliação define o aluno como modelo para os outros.

Nesse contexto, leva-se em consideração a avaliação na educação brasileira, com uma história de uso seletivo e classificatório e, por isso, trarei alguns pontos da epistemologia dessa educação. "A avaliação é tradicionalmente associada, na escola, à criação de hierarquias de excelência" (PERRENOUD, 1999, p. 11), seguindo diretórios excludentes entre as classes menos favorecidas para, assim, filtrar os "mais inteligentes", ou seja, dentro dessa metodologia, as aplicações de provas, trabalhos, testes, entre outros, teria sempre a mesma função: definir quem sabe e quem não sabe e assim formar uma hierarquia.

Aranha (2013, p. 148) defende uma educação dentro das possibilidades de cada ser humano:

> Educar seria desenvolver todas as possibilidades da natureza humana, fazer o homem tender para a perfeição, desabrochar o que tem em potência, o que pode vir a ser. Platão, por exemplo, considera que a educação ajuda o homem a superar a sua existência empírica.

Há muito tempo tem-se discutido a avaliação qualitativa que Perrenoud (1999) denomina de avaliação formativa. Nela, o educando passa a interagir como na metodologia avaliativa, sendo produtor do seu conhecimento e mediado pelo professor que está constantemente lutando contra os fracassos e as desigualdades, avaliando continuamente segundo os avanços; porém há muito a se falar dessa metodologia avaliativa.

Atualmente, as metodologias avaliativas são assunto de interesse de muitos pesquisadores, em busca de uma prática pedagógica que trará diferença na formação dos educandos. Apesar de haver um interesse maior que no passado, na prática, as metodologias ainda deixam muito a desejar. Como escreveu Demo (2004, p. 156): "Entende que no espaço educativo os processos são mais relevantes que os produtos, não fazendo jus à realidade, se reduzida apenas às manifestações empiricamente mensuráveis". A avaliação quantitativa preocupa-se com a formação do educando quanto um ser "emancipado", mas metodologias dessa avaliação não o avaliam de fato.

Nas metodologias mais tradicionais, o processo avaliativo deve seguir os padrões do estado que, por sua vez, usa metodologias avaliativas que classifica esse educando como intelectual, o que consegue uma quantidade de média exigida pelo sistema, ou ininteligente, o que nem sempre consegue conquistar uma média apesar de ser alguém com inúmeras qualificações.

Tais metodologias estão formando pessoas fracassadas com base em rotulações adquiridas pelas médias alcançadas em testes, sem uma análise de desenvolvimento de funções ou crescimento pessoal, que poderiam ser analisados por meio do desenvolvimento do educando, enquanto observados em seu contexto geral e não apenas mediante perguntas e respostas.

Segundo Perrenoud (1999, p. 18, grifo do autor):

> A avaliação formativa participa da renovação global da pedagogia, da centralização sobre o aprendiz, da mutação da profissão de professor: outrora dispensador de aula e de lições, o professor se torna o criador de **situações de aprendizagens**.

A avaliação qualitativa visa trabalhar o aluno dentro dos seus conhecimentos de mundo, com práticas que o auxilie a encontrar-se no universo escolar, não o deixando esquecer suas origens socioculturais, trabalhando desde o seu processo histórico às suas capacidades físicas e cognitivas.

Essa prática avaliativa deixa de ser uma arma de punição e torna-se uma alternativa relevante como auxiliar do professor em conhecer tanto as habilidades quanto as dificuldades de quem está sendo mediado, bem como a sua práxis educativa como mediador do conhecimento.

Pode não existir uma regra ou uma metodologia ideal para esse tipo de avaliação, mas sabe-se que em momento algum podem ser ignorados: os saberes, a cultura, a individualidade e a análise das possíveis adaptações e mudanças que o educando vai conquistando no decorrer do seu processo educativo. Em suma, como avaliador, o educador vai se adaptando ao contexto de seu objeto de análise, que é não somente uma turma de alunos, mas o aluno de forma individual.

2

AVALIAÇÃO MEDIADORA E FORMATIVA

2.1 EDUCAÇÃO NO BRASIL: A ESCOLA E O PERCURSO DAS IDEIAS PEDAGÓGICAS

Segundo alguns teóricos, a avaliação vem associada tradicionalmente à escola com uma função de exclusão, medida de excelência, ou seja, uma cultura classificatória que hierarquiza os alunos por meio de práticas excludentes e classificatórias.

Para Loch (2000, p. 31), avaliar

> [...] não é dar notas, fazer médias, reprovar ou aprovar os alunos. Avaliar, numa nova ética, é sim avaliar participativamente no sentido da construção, da conscientização, busca da auto crítica, auto conhecimento de todos os envolvidos no ato educativo, investindo na autonomia, envolvimento, compromisso e emancipação dos sujeitos.

O autor defende uma avaliação que aconteça entre todos os envolvidos na educação, para que funcione como um instrumento de ensino-aprendizagem e para uma conscientização crítica e geradora de autonomia.

Outros estudiosos afirmam que há uma necessidade de se pensar programas e métodos que reconheçam a diversidade dos alunos. Nesse sentido, vale a pena destacar três aspectos que Aranha (2013) denomina como importantes para a boa formação do professor: qualificação, formação pedagógica e formação ética e política.

A luta pela sistematização da educação destaca-se no século XVII, tendo Comênio como fundador da chamada pedagogia universal e desenvolvendo-se fortes ideais filosóficos e político-religiosos. O século XVIII, século considerado o das luzes, foi marcado por um grande crescimento e uma renovação da filosofia da educação. Nesse período destaca-se, ainda, Jean-Jacques Rousseau, filósofo francês, que coloca a criança como centro de sua teorização, trazendo uma nova imagem da infância. Para Rousseau, a pedagogia é representada como o ideal de formação de personalidade plena, passando-se a educar a juventude, almejando a criação de um mundo melhor

Sobre isso, Aranha (2013, p. 149) escreve: "O século XVII se destacou pela busca do rigor metodológico, seja na filosofia, seja na ciência". As transformações nos âmbitos social e econômico e o desenvolvimento da tecnologia, além de tantos outros aspectos que estão ligados à educação, contribuíram para a sua consolidação de diferentes maneiras e em cada lugar ao seu modo.

A educação brasileira no século XX esteve fortemente ligada ao plano de colonização e voltada para a aculturação indígena com o fim de firmar valores espirituais e morais da civilização europeia, convertendo os índios à sua fé e garantindo, assim, a expansão do catolicismo quando ele estava ameaçado pelo crescimento do protestantismo. Luckesi (2011b, p. 41) aponta: "A sociedade burguesa aperfeiçoou seus mecanismos de controle. Entre outros, destacamos a seletividade escolar e seus processos de formação das personalidades dos educandos". A educação escolarizada no Brasil era apenas para a nobreza e seus descendentes.

Aos jesuítas cabia abrir escolas e formar sacerdotes para a catequese. Segundo o regimento, seria essa educação destinada aos índios, mas como os jesuítas eram os únicos educadores de profissão com apoio real na colônia, sentiu-se a necessidade de incluir também os filhos dos colonos.

Segundo Aranha (2013, p. 149):

> [...] durante os séculos XVI e XVII, os colégios são organizados sobretudo pelas ordens religiosas, interessadas também no processo de evangelização. [...] cuja importância advém inclusive da expansão da cultura europeia para as terras recém-descobertas.

O plano de ensino era composto inicialmente pelo aprendizado do português, incluindo o ensino da doutrina cristã, e a escola tinha a missão de ensinar a ler e escrever, apresentando como caráter opcional o ensino de canto ortofônico e de música instrumental e uma bifurcação, tendo de um lado o aprendizado profissional e agrícola e do outro a aula de gramática e viagem de estudo à Europa.

Os planos falharam quando perceberam a não adequação dos índios ao sacerdócio, então implantaram o plano B, em que os filhos dos colonos seriam instruídos para formação sacerdotal, recebendo orientações contidas no *Ratio Studiorum*, que era um curso de Humanidade, Filosofia, Teologia e viagem opcional à Europa; quanto aos índios, no plano B eles seriam apenas colonizados.

> Percebe-se, por estes poucos fatos, que a organização escolar no Brasil-Colônia está, como não poderia deixar de ser, estreitamente vinculada à política colonizadora dos portugueses (RIBEIRO, 1988, p. 18).

No Brasil encontravam-se os índios (nativos), os negros traficados e a baixa camada portuguesa. Com o aumento dos lucros e o perigo de suas conquistas serem usurpadas por outros países, D. Pedro envia a pequena nobreza para organizar o empreendimento colonial e a educação escolarizada destinada passa a ser apenas a essa classe e seus descendentes, sendo os colégios fundados pelos jesuítas o instrumento de formação da elite colonial.

Ribeiro (1988) diz que em 1759, os jesuítas são expulsos do Brasil e começa a fase pombalina de escolarização, com planejamentos de passagem da etapa mercantil para a industrial num regime capitalista. Surgem as primeiras escolas primárias, quanto antes essa função era da família, uma mudança de suma importância, já que havia a necessidade de pessoas preparadas para a implantação da indústria. São palavras do autor (1988, p. 30-31): "Diante desta realidade, era necessário tirar o maior proveito possível da colônia. Era necessária uma mais intensa fiscalização das atividades aqui desenvolvidas". A modernização no ensino valoriza a história e a ciência e defende as ideias do movimento iluminista, começando o processo de mudanças inclusive na organização do estudo, com responsabilidade do Estado, proibindo qualquer tipo de ensino sem a autorização do diretor-geral; o indivíduo era formado pelo e para o Estado.

De acordo com Ghiraldelli Jr. (1994), três correntes pedagógicas organizaram-se na Primeira República e todas elas tiveram que enfrentar os preceitos da pedagogia jesuíta, sendo cada uma vinda de um setor social diferenciado. A pedagogia tradicional associava-se aos intelectuais ligados às oligarquias dirigentes e à Igreja, era voltada para o ensino cumulativo, em que se "introduz" na cabeça do aluno grande quantidade de conhecimentos. O aluno era tratado como uma folha em branco, apenas o professor tinha conhecimentos que seriam aplicados para o "desenvolvimento de sua inteligência".

A pedagogia nova, que surgiu dos movimentos burgueses e das classes médias, era voltada para a criança, sendo o professor um facilitador da aprendizagem e a criança instigada a buscar o saber, ou seja, deveria ter sua curiosidade despertada.

A pedagogia libertária, que surgiu dos movimentos sociais populares, estava comprometida com o pensamento de liberdade do homem, porém não no sentido de ajudar a sociedade, mas de fortalecer o capitalismo, uma educação voltada ao racionalismo, retirando da mente das crianças os misticismos e o sobrenatural. Sobre essas mudanças que aconteceram ao longo das décadas do século XX, até conseguir emergir e mostrar sua existência, afirma Ghiraldelli Jr. (1994, p. 22):

> A Pedagogia Tradicional não reinou totalmente incólume durante toda a primeira república. Em menor grau, principalmente entre o início do século e os anos 20 foi fustigada pela Pedagogia Libertária; em maior grau, principalmente a partir dos meados dos anos 20, passou a ser combatida sistematicamente pela Pedagogia Nova.

De acordo com Palma Filho (2010), não é recente a luta pela renovação educacional, mas novos rumos foram tomados a partir da década de 1990, pois houve um considerável crescimento da tecnologia e viu-se a necessidade de reformas nos sistemas educacionais. O autor (2010) afirma ainda que quanto ao Brasil, o país vem lutando por uma reforma educacional desde a década de 1930, quando teve início a necessidade de mão de obra mais qualificada em função da substituição do modelo agrário pelo industrial.

Entre os movimentos educacionais destaca-se o Manifesto dos Pioneiros da Educação Nova, publicado em 1932, tendo como principais representantes: Fernando de Azevedo, Lourenço Filho e Anísio Teixeira.

> A divisão dos períodos foi feita seguindo o critério de destacar os instantes de relativa estabilidade dos diferentes modelos – político, econômico, social – dos instantes de crise mais intensa e que causaram a substituição dos modelos referidos (RIBEIRO, 2007, p. 16).

Na década de 1990, com o cenário de globalização, neoliberalismo e competitividade, há uma necessidade de acompanhamento dessa modernização, pois o país que mais domina a tecnologia é o que domina a produção. O Brasil assume um compromisso na I Conferência de Educação para Todos, realizada em 1990 em Jomtien, na Tailândia, e cria os Parâmetros Curriculares Nacionais (PCN), e aprova a Lei das Diretrizes e Bases da Educação Nacional (LDB) – Lei n.º 9.394/96.

Palma Filho (2010, p. 130) fala sobre a discussão da LDB no Senado Federal:

> A Lei Federal n.º 9.394 inova em vários aspectos. De início, há que se destacar o fato de que estabelece uma efetiva coordenação do Ministério da Educação, criando, desse modo, condições para o desenvolvimento de uma política para o setor da educação em âmbito nacional.

Parafraseando o Plano Nacional de Educação no Brasil (2014), em 2003 estabelece-se o programa do governo Lula para a educação intitulado Uma escola do tamanho do Brasil, tendo como principais objetivos universalizar e democratizar o ensino e a gestão escolar.

Em 2006 implanta-se o Ensino Fundamental de nove anos, com matrícula obrigatória a partir dos 6 anos de idade. Em 2007 é instituído o Plano Nacional de Desenvolvimento da Educação (PDE), que lançou bases para a criação de instrumentos de democratização de acesso ao ensino superior. Em 2013 institui-se a matrícula obrigatória a partir dos 4 anos de idade e em 2014 elabora-se o PNE com 20 metas a serem cumpridas no decênio 2014-2024, tendo como desafios a implantação da escola em tempo integral, a inclusão e a universalização do ensino, além da valorização da profissão docente.

Nesse sentido, o Plano registra que há metas estruturantes para a garantia do direito à educação básica com qualidade, que dizem respeito ao acesso, à universalização da alfabetização e à ampliação da escolaridade e das oportunidades educacionais. A mesma ideia é defendida no trecho em que se diz que

> [...] vale aludir ainda à presença de estratégia voltada para a formação inicial e continuada de educadores e para o desenvolvimento e aperfeiçoamento de mecanismos de avaliação das aprendizagens (BRASIL, PNE 2014-2024, p. 18).

O exercício da profissão como educador tem aos poucos alcançado a sua valorização, embora muito lentamente. Contudo existem ótimos profissionais que não atuam em sua área por falta de oportunidades ou simplesmente pelos erros seletivos cometidos em concursos, por fraudes, ou até mesmo pelo que denominamos "sorte". A avaliação continuada pode ser uma garantia de educação de qualidade, bem como uma forma de criar pontes para aperfeiçoamento e formação continuada ao profissional da educação. "A escola brasileira opera com a verificação e não com a avaliação da aprendizagem" (LUCKESI, 2002, p. 93).

O fazer pedagógico abrange não somente o âmbito escolar, que é formal. Ele expande-se também para o contexto da educação informal e não formal, envolvendo todos os indivíduos na educação, seja na rua, na igreja, em casa, na empresa, no trânsito e até mesmo numa interação em que não se tem intenção de educar. Como expressou

Carlos Brandão em *O que é educação*: "Ninguém escapa da educação" (1981, p. 7).

Com a chegada do Iluminismo a maneira de se pensar e fazer educação mudou, perdendo-se o comando religioso, buscando-se ideais sociais e trazendo uma visão de formar o indivíduo livre de ordens e vínculos, mas totalmente em contato com a cultura e a vida social. Cambi (1999, p. 199) destaca a chegada da pedagogia na modernidade, ratificando uma ciência que ativa várias complexidades da formação humana, forma homens para a sociedade, produz e desafia o verdadeiro sentido de se pensar e fazer a pedagogia.

A pedagogia moderna não se apresenta como em seus primórdios, que se preocupava apenas com o cuidar. Ela busca formar um cidadão apto para utilizar seus próprios conhecimentos dentro do seu contexto social para aprimorar seus saberes e ajudá-lo a descobrir-se dentro de uma sociedade que pode promovê-lo ou excluí-lo dependendo de sua posição social.

2.2 O QUE ENTENDEMOS COMO MEDIADOR

Em *Avaliação da aprendizagem: componente do ato pedagógico*, Luckesi (2011) destaca quatro tipos de mediadores, a saber: uma teoria pedagógica compatível com a prática, os conteúdos escolares, didática e o educador.

O primeiro mediador cita **"uma teoria pedagógica compatível com a prática"**. Para o autor, o projeto político-pedagógico é um norteamento que sustenta a nossa prática e deve ser pautado em ações que possamos realizar em nosso cotidiano.

> Não há prática de acompanhamento da aprendizagem do educando mediante a avaliação que não esteja comprometida com determinada concepção pedagógica, a qual estabelece uma direção para o agir pedagógico (LUCKESI, 2011, p. 60-61).

O segundo mediador traz **"os conteúdos escolares"**. Para Luckesi, os conteúdos são a base do que se ensina e aprende, algo necessário para serem realizadas as ações pedagógicas, ou o que podemos chamar de elo da sistematização educacional, mais conhecido como práxis. Assevera Luckesi (2011, p. 88):

> Os conteúdos escolares constituem o "meio ambiente" onde o educando se forma no espaço escolar, convivendo cotidianamente com eles. Nesse processo interativo, o educando constitui-se a si mesmo na convivência com os outros e com o meio sagrado [...]. Entre os conteúdos socioculturais existentes, os conteúdos escolares são frutos de um processo seletivo levado a efeito em eventos que congregam especialistas das diversas áreas, chegando, finalmente, aos currículos escolares, aos livros semididáticos e, por último, aos didáticos. [...]. Os **conteúdos escolares** articulam o educando, em processo de formação, com a cultura geral da sociedade em que está inserido. [...] importa que os currículos escolares sejam constituídos, estruturados e adaptados a cada grupo de educandos com os quais são utilizados (grifo meu).

O terceiro mediador trata da "**didática**" como mediadora fundamental. Bem sabemos da importância de um bom projeto político-pedagógico, porém Luckesi fala da importância do planejamento de ações sobre a intervenção, como se a teoria bonita e bem elaborada torna-se inválida quando não se tem um planejamento de técnicas a serem ensinadas ao educando para ele aprender. Vejamos o que afirma Luckesi (2011, p. 103):

> O ensino-aprendizagem, para realizar-se de forma eficiente, necessita de recursos técnicos – modos de fazer – que nos possibilitem oferecer aos educandos condições de efetiva aprendizagem do conteúdo do ensino, a fim de que o currículo efetivamente cumpra o seu papel de mediador no processo de formação do educando. A **didática** desde os antigos gregos, tem sido considerada a forma de facilitar o ensino e a aprendizagem do que é necessário ensinar e aprender (grifo meu).

O quarto mediador, "**o educador**", tem uma responsabilidade diferente mesmo estando no mesmo contexto que o educando. Ele tem um papel importantíssimo dentro da mediação, pois leva ao aluno o conhecimento dos demais mediadores supracitados. Segundo Luckesi (2011, p. 132):

> Toda ação necessita de um executor, e a execução de uma ação efetiva requer um executor plenamente consciente do que está fazendo e de aonde deseja chegar com sua ação. Um projeto sem execução é um monte de folhas de papel que compõem o registro de um conjunto de decisões teóricas tomadas. [...]. No que concerne à prática pedagógica escolar, esse executor é o educador. Sem ele, o projeto político-Pedagógico não irá à prática, pois para produzir resultados precisa ser executado.

Entendemos que toda ação precisa ser efetuada por alguém consciente de executar um projeto composto por um conjunto de decisões teóricas tomadas.

Em meados da década de 1980, o professor passa a ser alvo de pesquisas e debates, pois entra a percepção da necessidade de um profissional que conheça melhor quem ele está educando. Para isso tem-se a necessidade de mudar a maneira de formar o educador. Assim, reformulações foram propostas para a formação do pedagogo. Veremos algumas delas, apresentadas por Libâneo (2008, p. 110-111): "A primeira reformulação do curso de Pedagogia no Brasil, em 1939, prevê a formação de bacharel em Pedagogia, conhecido como 'técnico em educação'".

Como foi mencionado anteriormente, com o avanço tecnológico e da globalização, nasce uma geração bem informada, que precisa ser entendida de forma diferente, surgindo a necessidade de uma reprogramação das metodologias de ensino. Consequentemente, o educador precisa ser formado dentro dessa diversidade e passa a considerar-se, então, a contribuição da psicologia para se oferecer uma relação entre o conhecimento psicológico e a prática educativa. O professor deixa de ser o centro e passa a ser o mediador do conhecimento, aquele que norteia os saberes social e cultural do aluno, ajudando-o a formar novos saberes e oportunizando o reconhecimento de suas capacidades como ser pensante e intelectual. Segundo Luckesi (2011, p. 20):

> Para que a avaliação seja possível e faça sentido, o primeiro passo é estabelecer e ter uma ação claramente planejada e em execução, sem o que a avaliação não tem como dimensionar-se e ser praticada, pois que o seu mais profundo significado, a serviço da ação, é oferecer-lhe suporte, com o objetivo de efetivamente chegar aos resultados desejados.

Percebe-se uma busca de atualização dos métodos pedagógicos dos educadores, pois a juventude e até as crianças têm um nível de conhecimento muito amplo, pois o crescimento da tecnologia mantêm-nos informados sobre toda sorte de assunto, cabendo ao educador estar habilitado a essas inovações.

Há a necessidade de os educadores inserirem no ambiente educacional as inovações trazidas pelos avanços tecnológicos. Vivemos em uma era de mudanças culturais e as novas gerações de educandos não podem parar no tempo. Desse modo, os educadores precisam conhecer bem a realidade atual para tornarem-se provedores de novas conquistas e não apenas alguém que olha e constata as mudanças, mas que consegue acompanhá-las, levando-as para a sala de aula. Como diz Freire (1996, p. 85-86):

> No mundo da História, da cultura, da política, *constato* não para me *adaptar* mas para *mudar*. [...]. Constatando, nos tornamos capazes de intervir na realidade, tarefa incomparavelmente mais complexa e geradora de novos saberes do simplesmente a de nos adaptar a ela. [...]. Não posso estar no mundo de luvas nas mãos *constatando* apenas (grifos do autor).

Partindo desse pressuposto é necessário considerar e reconhecer a importância da interação do pedagogo com o corpo docente em um processo de troca de experiências e crescimento individual e, ao mesmo tempo, coletivo. É interessante refletir sobre o que Freire (1996, p. 60) diz:

> O fato de me perceber no mundo, com o mundo e com os outros me põe numa posição em face do mundo que não é de quem nada tem a ver com ele. Afinal, minha presença no mundo não é a de quem a ele se adapta, mas a de quem nele se insere.

Não é fácil manter os alunos atentos às aulas quando seus pensamentos estão voltados às diversões tecnológicas que os esperam em casa. Conseguir mantê-los na escola tem se tornado difícil, visto que estudar com livros é um tanto sem graça, e a chegada de novos recursos à escola tem facilitado o trabalho pedagógico, criando novas possibilidades de ensino e prendendo a atenção dos alunos, principalmente quando se fala de escola pública, em que a maioria dos alunos não desfrutam de tantos recursos, passando a ver a escola como um meio de proximidade com a tecnologia, como diz Paulo Freire (1996, p. 10):

> Gosto de ser gente, porque mesmo sabendo que as condições materiais, econômicas, sociais, políticas culturais e ideológicas em que nós achamos geram quase sempre barreiras de difícil superação para o cumprimento de nossa tarefa histórica de mudar o mundo, sei também que os obstáculos não se eternizam.

O educador deve estar preparado para enfrentar uma diversidade de desafios, como: educandos que vêm de famílias desestruturadas, que vivem nas drogas ou que têm algum tipo de distúrbio que dificulta o seu aprendizado, e ainda lidar com a falta de recursos para trabalhar, tanto físicos quanto financeiros, destacando que os financeiros não são apenas na desenvoltura do seu trabalho, que deixa a desejar, mas também na sua desvalorização, que recebe um salário que contribui para sua sobrevivência apenas.

Os educadores têm desenvolvido grandes lutas para superarem tal situação, pois são muitas as discussões sobre essa metodologia, em que a mediação dá-se como uma dialética, buscando uma prática educativa comprometida com o desenvolvimento do educando3 para, assim, avaliá-lo a partir de suas mediações como ações executadas com qualidade. Luckesi (2011, p. 139) destaca:

> Não há formação para a autonomia de cada um sem a interação com o outro; por isso, o princípio formativo (educando) e o organizativo (educador) interagem numa dialética permanente, de tal forma que a individuação do educando se vá configurando, o que significa constituir a própria identidade.

Desse modo, percebe-se que a preocupação dos educadores atuais não é indiferente aos antepassados, a cada época percorrida encontram-se cada vez mais caminhos diferentes a serem trilhados, e cada um desses caminhos devem ser conhecidos por aqueles que têm em suas mãos o objeto que modula a sociedade.

Para tanto entendo a importância da formação do educador para entrar nesse contexto mediador. É certo que é necessário um bom currículo para se chegar ao entendimento do fazer pedagógico, mas o amor ao seu fazer é o que pode leva-lo além das barreiras enfrentadas. Como diz Libâneo: "Docente é trabalho pedagógico, mas nem todo trabalho pedagógico é trabalho docente" (2008, p. 31).

Entendo, portanto, que apesar de serem trabalhos parecidos, há uma distinção entre eles quando se trata de trabalho docente e trabalho pedagógico. Os educadores são os maiores responsáveis pelas mudanças ocorridas na história social de um povo, e diante dessa responsabilidade são os que carregam o desejo de lutar por mudanças e valorização do seu trabalho.

2.3 O QUE ENTENDEMOS COMO FORMATIVO

A educação formativa é aquela que demonstra o interesse por mudanças metodológicas, levando em consideração a heterogeneidade e a formação contínua do educando. Indissociável dessa educação está a avaliação, que deve estar em harmonia com o que se pretende ensinar ao aluno, tanto coletivamente quanto em sua individualidade.

Há vários métodos avaliativos que vêm sendo estudados por grandes pesquisadores, e como já mencionado no primeiro capítulo, é hoje um dos assuntos mais abordados em discussões sobre educação. Dentre os processos avaliativos temos alguns em destaques e mais conhecidos: o tradicional e mais utilizado até hoje, apesar da sua reprovação e críticas por ser classificatório; a avaliação diagnóstica, que procura sondar o conhecimento do aluno a partir de projetos introduzidos; a contínua e a formativa, com características parecidas – porém é preciso ressaltar que nem toda avaliação contínua é formativa, como escreveu Perrenoud (1999, p. 80):

> Nem toda avaliação contínua pretende ser formativa. Em uma classe comum, muitas intervenções do professor, baseadas em uma apreciação realista da situação, não tem por objetivo principal contribuir diretamente para a progressão das aprendizagens, por que sua tarefa não é somente ensinar, mas também manter a ordem, animar trocas, pôr para trabalhar, garantir coexistência, pacífica e, se possível, feliz durante longas horas, ao longo de todo o ano, em um espaço exíguo.

Diante do descrito pelo autor, percebemos que a avaliação formativa vai além do observar os avanços do aluno. Enquanto a contínua observa as modificações a partir de projetos desenvolvidos como um todo, a formativa direciona o aluno ao aprendizado, oferecendo-lhe todos os objetos necessários para a construção do conhecimento em aspectos individuais e coletivos, "intervenções que pretendem agir diretamente sobre os mecanismos de aprendizagens" (PERRENOUD, 1999, p. 80). Algumas escolas sonham com a avaliação formativa e pretendem aplicá-las em sua rotina, porém não a definem como tal, pois a estabelecem dentro de um sistema educacional tradicionalista.

A avaliação formativa não significa uma ação do professor sobre o educando para descobrir o seu aprendizado e também não é uma fórmula sistematizada para ajudá-lo a conquistar bons resultados em provas, testes ou quaisquer que sejam as avaliações; é toda e qualquer ação pedagógica que venha a consentir ao educando a possibilidade de produzir o conhecimento. Nesse contexto, o professor deve levar em consideração as interações, os conteúdos e as metodologias, bem como a autoavaliação da sua prática pedagógica. Ainda sobre o assunto, escreveu Perrenoud (1999, p. 78, grifo do autor):

> Proponho considerar como *formativa* toda prática de avaliação contínua que pretenda contribuir para melhorar as aprendizagens em curso, qualquer que seja o quadro e qualquer que seja a extensão concreta da diferenciação do ensino.

O autor diz que se é preciso utilizar de todos os recursos necessários para promover a aprendizagem, sem deixar uma receita quanto à metodologia, pois cada caso é isolado e precisa de um olhar do educador sobre o educando a ser avaliado.

> É formativa toda avaliação que ajuda o aluno a aprender e a se desenvolver, ou melhor, que participa da regulação das aprendizagens e do desenvolvimento no sentido de um projeto educativo (PERRENOUD, 1999, p. 103).

O autor destaca algumas formas de regulação que são importantes para trazer o aprendizado ao aluno. Entre elas estão: **observação, intervenção e didática**, numa perspectiva indissociável, para que haja um feedback, trazendo, assim, uma regulação da aprendizagem.

Regulação por meio da falta e da atividade – Se a prioridade da avaliação formativa é promover o aprendizado, é necessário haver uma regulação para que aconteça um êxito escolar em todas as áreas necessárias. Segundo Perrenoud (1999, p. 116, grifo do autor):

> Segue-se que inúmeras intervenções do professor não são reguladoras senão da atividade em curso e do funcionamento da classe. Isto é um problema? Sem dúvida, não se pode aprender sem ser ativo. Todavia, *nem toda atividade gera automaticamente aprendizagens*. A confusão entre a regulação das aprendizagens e regulação das atividades é ainda maior porque a regulação é mais interativa, pois ela intervém no curso das atividades; na urgência, o professor deve

conciliar ao menos duas lógicas: – a primeira visa levar a atividade a bom termo, manter o ritmo, o clima, a coesão do grupo, a continuidade da ação, o sentido da atividade; – a segunda visa contribuir para as aprendizagens previstas, logo, maximizar o conflito cognitivo e todos os processos suscetíveis de desenvolver ou fortalecer esquemas ou saberes, e isso em um domínio previamente delimitado.

Estratégias dos agentes e contrato didático e corrida aos diplomas – A avaliação formativa quebra os maus costumes, entretanto precisa ser transparente, ou seja, o aluno deve saber os pontos que precisam ser melhorados sem "os vícios do ofício", consciente de que cada um é dominante no seu construir do conhecimento. "Mesmo na universidade, não se pode agir como se todos os alunos tivessem constantemente vontade de aprender, soubessem por que vêm às aulas e quisessem cooperar para sua própria formação" (PERRENOUD, 1999, p. 118).

Com respeito ao diploma, o autor diz que para muitas famílias e alunos o que importa é a hierarquia de excelência, com uma única razão, a de passar de ano ou mesmo avançar para um novo ciclo. Para que o aluno entenda a seriedade da escola, é necessário criar estratégias como um conjunto de habilidades necessárias com as quais ele formará sua vida social, não somente um patamar a ser vencido com uma posição classificatória. Segundo Perrenoud (1999, p. 120, grifo do autor):

> Aqueles que conhecem, por experiência, o bom uso da instituição escolar compreenderam que, nesse jogo, às vezes mais se perde do que se ganha. Isso não quer dizer que a avaliação formativa será constantemente combatida. Ao contrário, ela será utilizada quando servir aos interesses das famílias e dos alunos melhor colocados, isto é, quando o investimento no saber parecer uma boa solução. Em todos os domínios em que basta fazer a prova e se está apto a passar para a série seguinte ou ao ciclo superior de estudos, é preciso contar com estratégias muito mais econômicas, e as famílias incentivam seus filhos a fazer *"só o que é preciso"*.

Não é incomum encontrarmos educandos que estudam para valer nos primeiros bimestres e não estão nem aí para as avaliações finais. Isso leva-nos a entender que a educação precisa ser reestudada em sua maneira de avaliar para que haja conscientização de que não é a nota que interessa e, sim, o que se aprende. Infelizmente, a família é influência em alguns casos, pois todos enfrentam o medo das avaliações tradicionais e sabem que aprendendo ou não, o que vale é a nota final. E quando se tratam de redes privadas existem casos ainda piores, em que o aluno não consegue o conhecimento nem a nota, mas os pais exigem, pois, segundo eles: "Eu paguei!".

A escola tem uma responsabilidade formadora do indivíduo para atuar socialmente com autonomia, porém não existe aprendizado quando não se há uma estratégia e um objetivo do que se ensina. A partir do momento em que se leva o conhecimento como algo classificatório, o aprendiz está exposto diante de algo que ele pode decidir se quer ou não aprender. Mesmo não existindo entusiasmo, certamente não haverá menos importância no que se ensina, a sistematização deve estar ligada não a uma hierarquia a ser conquistada e, sim, a um valor de aprendizagem que transforme a vontade de ter uma boa classificação em um interesse pelo que se ensina. Sobre o contrato didático, Perrenoud (1999, p. 119, grifo do autor):

> Cada professor que deseja praticar uma avaliação formativa deve *reconstruir o contrato didático contra os maus hábitos adquiridos por seus alunos*. Ademais, ele lida com algumas crianças ou adolescentes fechados em uma identidade de maus alunos e de oponentes. Mesmo que a avaliação formativa preveja os interesses bem compreendidos do aluno, entenda ele ou não, isso não é suficiente para assegurar sua cooperação...

Oportunizar autonomia de formação ao aluno não significa deixá-lo à vontade para fazer o que bem entender ou somente o necessário, mas entender que está tudo ao seu dispor: a escola, as disciplinas, as regras que devem ser seguidas para o ensino-aprendizagem, os conhecimentos compartilhados e tantas outras coisas que a educação lhe oferece, e ele entra com a disposição de alguém que quer aprender, não como alguém sem saber algum, mas que tem interesse em utilizar tudo o que lhe é oferecido para construir novos conhecimentos, bem como repassar os que já tem por meio da interação. Para Perrenoud (1999, p. 120, grifo do autor):

> Se o professor não constrói para si uma imagem adequada do que se passa na "cabeça dos alunos", há pouca chance de sua intervenção ser decisiva na regulação da aprendizagem. Contudo, seria lastimável esquecer que a avaliação formativa não tem efeitos senão quando praticada *em situação*, por um agente que raramente a tem como única preocupação e cujas estratégias de ensino são limitadas tanto pelas exigências do meio quanto por suas próprias competências.

O autor defende a seguinte avaliação – em função das necessidades, aliada à instituição e à instrumentação:

> A questão não é teológica, mas prática: a instrumentação é sempre mais custosa do que a intuição; não se justifica, pois, a não ser que esse custo seja garantia de representações mais acuradas ou mais confiáveis (PERRENOUD, 1999, p. 125).

Para tanto, o que se entende por avaliação formativa não é o abrir mão das teorias ou práticas, acreditando que o educador formativo deve deixar o aluno "virar-se" sozinho e fazer o que bem entender. Ser educador formativo é pensar nos limites, repensar as estratégias, autoavaliar-se, oferecer o que lhe for necessário para construir conhecimento, exercer uma diferenciação em sala de aula sem diminuir o valor do aprendiz, e deixá-lo convicto de que existe um ser dominante da situação, que será a ponte para o seu aprendizado, "[...] é inútil insistir sobre a avaliação formativa onde os professores não têm nenhum *espaço de jogo*, onde a diferenciação não é senão um sonho jamais realizado, [...]" (PERRENOUD, 1999, p. 121, grifo do autor). Por sua vez, o aluno necessita exercer suas responsabilidades como alguém que busca conhecimento e deve seguir certos passos para conquistá-lo.

3

EXPERIÊNCIA AVALIATIVA NO 5° ANO DE UMA ESCOLA PÚBLICA

O presente capítulo destina-se a analisar, por meio de levantamento de dados de pesquisas e experiências pedagógicas, como é entendido pelo professor o processo avaliativo, e refletir sobre as mudanças de comportamento e crescimento de aprendizados dos alunos com baixa autoestima quando avaliados com base mediante um projeto de avaliação participante com atividades que compreendam a sua realidade.

3.1 INTERVENÇÃO PEDAGÓGICA

A intervenção ocorreu em um 5° ano do Ensino Fundamental de uma escola pública municipal. A princípio não se deu de forma planejada, porém surgiu a ideia a partir de uma necessidade de um estudo de caso.

No município em que foi feita a intervenção, assim como em vários espalhados pelo Brasil, há uma necessidade de professores efetivos para assumirem salas de aula, e é bem verdade que por falta de investimentos em concursos públicos, alguns gestores municipais optam por contratos provisórios. Dessa forma, em 2015 houve a oportunidade para alguém em formação na área de Pedagogia assumir a sala de 5° ano de uma professora que estava entrando de licença por motivos de saúde. Para alguém que estava em formação na área de Pedagogia era uma chance de mergulhar no universo dos sonhos, mas a realidade da sala é bem mais complexa e desafiadora, diferente das experiências dos livros estudados.

Foi um convite recebido com alegria por meio de uma ligação do secretário de Educação, mas assim que houve consciência da responsabilidade que seria assumida, foi conversado desde o medo da falta de domínio de conteúdo à experiência de regência. Porém o secretário foi muito bom com as palavras, disse que sabia da capacidade dos graduandos da UERN e que profissionais que atuavam no suporte pedagógico estariam sempre disponíveis nas orientações. O que ele não mencionou foi a realidade que seria enfrentada na turma, que era chamada de *"A turma"*, pois sabia que isso assustaria ainda mais alguém que já não estava tão confiante quanto as suas habilidades não testadas.

3.1.1 A recepção

Antes de sair para o novo trabalho imaginei a recepção dos professores, alunos e gestão escolar, mas não foi bem como o esperado. Ao entrar no recinto e parar diante de uma mesa de aproximadamente dez professores, que se entreolharam e sequer abaixaram o tom de voz para falar sobre a substituta. Alguns chegaram a dizer em tom irônico: "Dou quinze dias!", "Uma semana!". Eles sabiam que seria uma tarefa difícil de encarar. Foi nesse o momento em que os filmes que passaram na minha cabeça sobre meu primeiro dia de aula encantador acabaram e acenderam a primeira luz da realidade: "Este ambiente não nada encantador!".

Mas esse dia, apesar de não ser o esperado, era a realidade de todo professor que inicia sua práxis, que está ali para enfrentar algo que foi sonhado, então não havia porque desistir, afinal, era o início de um sonho. Como escreveu Hoffmann (2013, p. 16):

> Algumas vezes, ocorre a educadores conscientes do problema apontar aos alunos as falhas do processo, criticá-las a contento e em profundidade, exercendo, entretanto, em sua sala de aula, uma prática avaliativa improvisada e arbitrária.

O segundo momento da recepção e o mais esperado era na sala de aula – supostamente –, com as crianças maravilhosas que se encantariam com a aula mais planejada da carreira de um sonhador. A recepção foi menos irônica, pois tinha um tom de verdade e atrevimento de alguém que não era criança coisa nenhuma, pois a turma era composta de 20 alunos, um misto de crianças e pré-adolescentes entre 10 e 12 anos e adolescentes entre 14 e 20 anos. Nessa diversidade também havia alunos com Necessidades Educacionais Especiais (NEE).

Enquanto uns dançavam em cima das bancas, outros pulavam pela janela ou tocavam "tambores" usando as palmas das mãos nas mesas e nas cadeiras. Alguém levantou a voz e os fez pararem, anunciando que chegara outro professor substituto: *"Mais um professor pra nós expulsar. Aposto em uma semana!"*. Foi temeroso, mas eu não podia me intimidar diante de uma turma que já tinha mostrado a identidade. Então a resposta foi: *"Pode apostar que acabou a fila de professores que fogem de sala. Em uma semana você e toda turma estará diferente do que estão hoje"*.

Vendo o tumulto inicial, não era de se esperar que a resposta funcionasse, e pelo menos nos cinco minutos em que foi feita a apresentação, eles ficaram atentos. Era o segundo mês do primeiro bimestre e a segunda tentativa de substituição, pois ninguém conseguia lecionar na turma. Foi assim a primeira semana: planos de aulas sem êxito, a bagunça só crescia e junto com a bagunça uma vontade de estudar o motivo do desinteresse, da falta de atenção e da resposta negativa diante de atividades divertidas que exigiam esforço e raciocínio. Eles sempre citavam a turma do 5° ano matutino como melhores que eles e diziam coisas como: *"Nós não conseguimos realizar essa tarefa. Se fosse na turma da professora X, eles conseguiriam!"*. Fui percebendo que havia uma separação entre os alunos da escola e aqueles seriam os conceituados como os que não sabiam e/ou não queriam nada. Segundo Hoffmann (2013, p. 16-17):

> É necessária a tomada de consciência dessas influências para que nossa prática avaliativa não reproduza, inconscientemente, a arbitrariedade e o autoritarismo que contestaram pelo discurso. Temos que desvelar contradições e equívocos teóricos dessa prática, construindo um "ressignificado" para a avaliação e desmistificando-a de fantasmas de um passado ainda muito em voga.

Ao procurar o suporte pedagógico no final da aula, foi informada a realidade da turma, que seria pior do que o vivido na recepção. Entretanto, ao entrar em sala e antes mesmo de iniciar a aula, fui informada: *"Cuidado com a aluna X. Ela é grandona e costuma botar todos os professores para correr. Ninguém a suporta!"*. E era exatamente a criatura que apostou em uma semana para a próxima troca de professor. Depois foi falado sobre os alunos com NEE e os 50% da turma não alfabetizados, além dos conceitos baixíssimos em notas e do rótulo de "baderneiros". Inclusive, todos os professores do município já sabiam e em qualquer roda de professores municipais que se falasse que um deles havia assumido esse 5° ano vespertino, vinha logo a pergunta: *"Você consegue dar aula pra eles?"*.

O que seria um suporte pedagógico passou a ser um aviso de uma bomba que poderia explodir a qualquer momento e que não havia possibilidade de ajuda. De brinde veio um recado da secretária de Educação de que a turma seria avaliada com a Prova Brasil e o Índice de Desenvolvimento da Educação Básica (Ideb) da escola dependia do desenvolvimento dos alunos, e de que estava em nossas mãos trabalhar para conquistar a meta de 2015, visto que o último resultado teria sido no ano de 2013.

3.1.2 Estudo de caso

Devido ao interesse pelo assunto *Avaliação*, surgiu a ideia de trabalhar a autoestima dos alunos usando uma metodologia diferente de aferição.

Era perceptível em suas alegações diárias o descontentamento com os resultados do boletim, e cada pessoa que se referia àqueles alunos sempre deixava bem claro que eram pessoas sem sonhos, que "não queriam nada da vida", e que a turma autodenominava-se como os piores da escola, pois era o que ouviam constantemente.

A primeira semana foi concluída, agora sem um compromisso de montar um plano de aula interessante. Era preciso mais que isso, era necessário um estudo, um projeto que levasse aqueles alunos a se encontrarem dentro da escola, algo que elevasse as notas em seu boletim não pelo que fosse cobrado na prova, mas pelo que eles fossem, pelo que tinham ido fazer na sala, pelo que sabiam fazer e simplesmente por levarem um nome de estudante. Foi um trabalho árduo, iniciado com pesquisas sobre autoestima estudantil.

Entre outras questões que poderiam levar a um entendimento de como mudar essa situação, surgiram vários questionamentos: como avaliar além da prova escrita? Como ser um professor desafiador? Como conquistar a confiança de alunos desacreditados? Que ângulo pode-se trabalhar considerando um contexto socioeconômico precário dos alunos? Hoffmann (2013, p. 26) afirmou:

> Não é tarefa simples, uma vez que a avaliação, na perspectiva de construção de conhecimento, parte de suas premissas básicas: confiança na possibilidade de os educandos construírem suas próprias verdades e valorização de suas manifestações e interesses.

Diante desse estudo veio o entendimento de que os números baixos eram, na verdade, o principal motivo da morte emocional daqueles alunos, tendo em vista que os modelos de avaliações utilizados em nossas escolas tradicionalmente valorizam mais a classificação do que a qualificação. Nesse caso, como a escola não tinha nada a perder, deram total apoio à implementação de inovações naquela sala, e como qualquer estagiário não tive de mostrar serviço, pois não tinha que dar importância aos números que iriam no boletim, já que eles eram uma turma remanescente do primário, que ia apenas recebendo novos membros. Então era preciso mostrar que todos ali eram capazes de acompanhar "os melhores alunos".

3.1.3 Executando o projeto avaliativo participante

Primeiro dia de aula da segunda semana de trabalho, não era mais uma professora substitua, mas alguém comprometida em mudar histórias de vidas. De professora substituta passei a pesquisadora de "casos impossíveis". O bom é que ninguém havia me instruído, mas a situação obrigava uma mudança de metodologia.

Havia, sim, o medo de ser criticada e de como iniciar algo novo, pois tudo era novidade de fato, afinal, era o primeiro vínculo fora da teoria universitária. O receio de dar tudo errado estava lá, mas não atrapalhou o iniciar do processo de mudança. A primeira abordagem era conscientizar os alunos de que forma seria aplicada a nova metodologia avaliativa, pois não funcionaria caso não houvesse conhecimento do que estaria acontecendo. Apesar de todos os medos de falar, era hora de lutar como alguém que sabe o que quer e que não tem nada a perder – era a salvação da sala ou a perda do trabalho.

A recepção foi a de sempre, porém a frase de saudação foi modificada: *"Não desistiu?"*. A resposta foi mais leve, mas confiante: *"Desistir é para fracos e não faz parte do meu vocabulário"*. Antes que a bagunça se estendesse, pedi a atenção de todos para fazermos um trato. Ao perguntar se alguém estava disposto a mudar, todos concordaram, mas disseram que era impossível, como mostra a fala a seguir: *"A maior parte de nós estuda juntos desde a alfabetização e sempre soubemos que essa turma é a pior dessa escola"*.

Prosseguimos com a conversa e mostrei textos de protagonismo jovem, expondo para a turma que cada um deve ser autônomo e transformar seu sonho em realidade, mesmo que muitos não acreditem em sua ascensão. Foi incrível como todos pararam para ouvir. Eles estavam ali, participando de uma aula que não seria cobrada na prova, mas que seria acrescentada ao seu conhecimento de mundo e levá-los-ia a sair do pesadelo que invadira seus sonhos.

Sobre a prática avaliativa coerente, que permite ao professor investigar o aluno gerando oportunidades de reflexão e dinâmica de ações educativas, Hoffmann (2013, p. 28) afirma:

> A avaliação deixa de ser um momento terminal do processo educativo (como é hoje concebida) para se transformar na busca incessante de compreensão das dificuldades do educando e na dinamização de novas oportunidades de conhecimento.

Aproveitando a oportunidade e o interesse por mudanças, apresentei o novo método avaliativo, que os levaria a desviarem as notas vermelhas, porém exigia um compromisso diferente, que não seria forçado, mas, se executado, mudaria para sempre a história de vida de cada um. Expliquei também que eles teriam como provar para a escola que eram capazes, pois haveria a Prova Brasil e o 5° ano seria o responsável pelo resultado da escola naquele ano. Se aceitassem a proposta, trabalharíamos para elevarmos o número do Ideb e, assim, deixariam de ser tratados como "os piores da escola". Como jovens gostam de concorrência, aceitaram o desafio.

A seguir, mostrei a realidade de uma sala sem ordem. Eles passaram a entender que a falta de comportamento adequado levava-os a não obterem o conhecimento necessário, assim como a falta de compromisso com as aulas – tratava-se de uma sala de 20 alunos e, na maioria das vezes, estavam presentes apenas 12 deles. Também citei, entre outros problemas, a não realização de tarefas em sala e nas extrassalas, sem contar a falta de compromisso da família e a destruição dos bens escolares.

Sem que percebessem, estavam tendo uma aula de Matemática, quando levei ao conhecimento deles, por meio de panfletos de supermercados, que os valores apresentados em cada alimento poderia ser mais em conta, mas os impostos levam-nos a pagar tão caro. Então vieram perguntas como: *"O que fazem com esse dinheiro que pagamos a mais?".* Uma boa pergunta merece uma boa resposta: *"Eles compram as cadeiras que vocês quebram pensando que é do governo. Na verdade, seus pais pagam por elas. A escola municipal não é grátis, está sendo paga por cada centavo encoberto nos impostos daquilo que compramos, dos descontos do nosso salário etc.".* Eles ficaram assustados com as novas descobertas, porém dava para ver nos olhares a vontade de voltar a sonhar.

A partir desse dia, os alunos trabalhariam em uma relação de troca. As notas continuariam sendo números no boletim, mas não eram quaisquer números, seriam esforços de mudança de comportamento, de empenho e dedicação, e com isso eles ganhariam o direito de levarem coisas novas para as aulas, de falarem sobre os assuntos abordados e de levarem histórias do dia a dia deles para trabalharmos a vida de cada um ao invés de trabalharmos histórias desconhecidas.

As notas seriam distribuídas de forma diferente e todos estavam cientes da maneira como estavam sendo avaliados, como foi explicado na lousa:

Quadro 1 – organização avaliativa para obter nota final

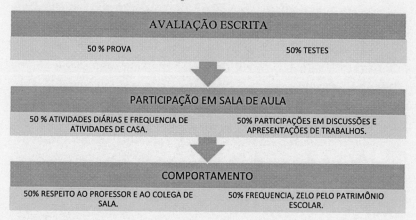

Fonte: a autora

Cada um dos itens apresentados teria um valor equivalente a 10,0 (dez pontos), sendo seu valor final igual a 30,0 (trinta pontos). Esse valor seria dividido por três, que seria a nota final anexada ao boletim.

A aplicação de testes exige uma finalidade não somente de medida e classificação, mas uma ação investigativa para a melhoria de desempenho no ensino-aprendizagem. Segundo Hoffmann (2013, p. 72):

> O que quero alertar é sobre a finalidade essencial do teste em educação. O seu significado não se resume à sua aplicação, ao seu resultado, mas, à utilização como fundamento para nossa ação educativa. É um procedimento investigativo, como ponto de partida para o "ir além" no acompanhamento do processo de construção do conhecimento.

O que menos importava para os alunos eram esses números, pois eles não se achavam capazes de conquistá-los visto que tinham vivido todo seu tempo escolar como se não tivessem a mesma importância que os demais alunos, exatamente por não conseguirem uma numeração azul em seus boletins. Porém agora tinha uma novidade: a prova escrita, de tão difícil interpretação, continuaria sendo a mesma para os poucos que conseguiam respondê-la, e os que eram considerados analfabetos ou sem condições de responder questionários poderiam obter notas iguais ao serem levados em consideração os itens de participação e comportamento. O que eles não esperavam é que a ideia dos dois últimos itens sendo considerados, a sala começaria a crescer também no primeiro item – avaliação escrita –, pois o comportamento levá-los-ia a entender melhor os conteúdos trabalhados e a participação também contribuiria para eles se tornarem pessoas mais entendidas e construtoras de seu próprio conhecimento.

Apresentado o novo esquema de trabalho, tinha chegado a hora de testar a produtividade. Obtivemos bons resultados, as participações começaram a melhorar e já era possível dar aula. Alguns não levavam a sério o projeto, pois ainda não haviam visto seus frutos, mas estávamos confiantes, pois viriam as primeiras avaliações bimestrais e eles receberiam seus boletins com todos os dados separados e avaliados um a um.

Passado o mês houve as avaliações escritas. Foi um trabalho difícil, pois apesar de haver um caderno em que eram constantes as anotações de tudo que acontecia na sala, no dia da soma de notas foi bem complicado, pois era preciso avaliar 20 alunos respeitando sua individualidade.

Até que surgiu a ideia de definir um número que valeria para cada observação e que depois seria somado, dando, assim, a nota equivalente para cada um, ou seja, se naquele bimestre houve sete vistos em Língua Portuguesa, esse número dividiria 10,0 (dez pontos), o que daria, aproximadamente, 1,5 (um ponto e meio) cada visto. Em seguida, sendo multiplicado pela quantidade de vistos que o aluno conquistara, essa seria a nota do segundo item. Um exemplo: um aluno com seis vistos estaria com nota 9,0 (nove pontos) no segundo item. Suponhamos que esse mesmo aluno tivesse apenas 4,0 (quatro pontos) no primeiro item, a avaliação escrita, e 8,0 (oito pontos) no terceiro item, o comportamento. Esses valores levá-lo-iam a conquistar a média escolar. Vejamos:

Quadro 2 – Exemplo: Avaliação bimestral de um aluno X

Itens avaliados	Valores
Prova escrita	4,0
Atividades sala e extrassala	9,0
Comportamento e participações	8,0
Soma de itens avaliativos	21,0
Total divido por três (média final)	7,0

Fonte: a autora, 2015

    O resultado das somas dividido por três seria 7,0 (sete pontos), que seria a média final do aluno. Um valor obtido com seus esforços, sem o trauma da avaliação tradicional, o que o impulsionaria a dedicar-se mais aos estudos.

    Grande foi a surpresa da turma, eles conversaram entre si, uns pularam de alegria dizendo nunca ter obtido uma nota tão alta, outros reclamaram por terem fechado a prova e terem ficado apenas com 7,0 (sete pontos). Mas partindo desse projeto avaliativo, eles mesmos passaram a entender que não valia a pena estudar para a prova escrita e não ser participativo em sala de aula, e outros perceberam que poderiam conquistar muitas coisas se além das participações e do bom comportamento houvesse um esforço quanto aos conteúdos. A partir daí começou surgir um clima diferente na sala, o teor das aulas mudou, os alunos ficaram interessados, confiantes e interativos; porém ainda existiam alguns com uma autoestima lá em baixo.

Era hora de trabalhar a autoconfiança de cada um e mostrar que a individualidade faz de nós alguém diferente, com algo especial que precisa ser descoberto. Para Perrenoud (1999, p. 103), o que importa em uma avaliação formativa é qualquer ação que leve o aluno a desenvolver-se:

> É formativa toda avaliação que ajuda o aluno aprender e se desenvolver, ou melhor, que participa da regulação das aprendizagens e do desenvolvimento no sentido de um projeto educativo. Tal é a base de uma abordagem pragmática. Importa. Claro, saber como a avaliação formativa ajuda o aluno a aprender, porque mediações ela retroage sobre os processos de aprendizagens.

Em pesquisa para trabalhar a autoestima, encontrei um texto na internet que seria ideal para abrir os olhos dos alunos que já não se viam como alguém importante na sociedade. O título do texto é: *O mistério da fita azul*, de autoria desconhecida (SANTOS, [2017]).

O texto fala de uma professora que quis homenagear seus alunos e entregou uma fita azul a cada um deles com a frase: "Quem eu sou faz a diferença". Ao fixar a fita no peito do aluno, ela ia dizendo uma característica de cada um. A história fala das mudanças que isso causou na vida dos jovens e pede para passar para a frente o que foi feito pela professora. Acreditando que seria interessante trabalhar esse texto, pois parecia ter sido escrito para a turma do 5º ano, no dia seguinte foi feito todo o preparativo, seguindo o passo a passo: fitas e cópias do texto para serem distribuídas (três para cada aluno, e uma seria entregue no ato da homenagem e as outras duas para que fizessem o mesmo com alguém que, por sua vez, faria com uma terceira pessoa).

A sequência da entrega das fitas foi propositalmente feita com os mais desenvolvidos da sala, sem explicar que todos receberiam seu elogio. Foi interessante a maneira como se portaram. Ela foram apostando quem seria o próximo a receber e as regras das apostas eram quem tinha melhores notas, comportamento ou beleza, embora os elogios fossem coisas simples do dia a dia de cada um, como: *"Você está recebendo esta fita por pedir licença sempre que precisa sair da sala. Isso te faz diferente!"* ou *"Por ajudar na tarefa do colega que tem dificuldade em Matemática".*

A sala não percebia que traumas poderiam ser gerados pelas classificações e insistiam na ideia de notas, comportamento e beleza, mas vez por outra um levantava a voz e dizia: *"Eu sei que não vou receber, pois não tenho nada de bom e nunca recebi uma medalha".* Enquanto isso, os que recebiam riam de alegria e perguntavam como aquela sua qualidade tinha sido notada, outros choravam e agradeciam, mencionando que era a coisa mais linda que já havia acontecido em sua vida.

Aos poucos o esquema de entrega foi mudado e "os piores" da sala começaram a receber a fita com elogios por algumas falas que tinham enriquecido a aula de tal dia, por exemplo, e, assim, ao concluirmos, a sala estava totalmente ao contrário de como antes era conhecida, jovens e pré-adolescentes alegravam-se e agradeciam por terem sido contemplados.

Chegou, então, a segunda etapa do jogo: a turma leu o texto e comentou se havia acontecido com eles o mesmo que com os personagens da história, ou seja, se todos tinham participado ativamente. Após isso veio o terceiro passo, fazer o mesmo com alguém, ou seja, eles deveriam levar para suas casas e fazerem com alguém que admirassem.

Foi interessante que 80% da turma pediu para sair e levar para alguém em outra sala, e todos os antigos professores foram homenageados. Quando eu via que dois ou mais homenageariam o mesmo professor, combinava que eles deveriam pensar em outro, para o qual também seria entregue uma cópia do texto e uma fita para que também fazer a outra pessoa.

Esse trabalho rendeu muito desempenho e muita autoestima para toda a escola, resultando em muitos elogios para todos os envolvidos, tanto que a gestão da escola fez questão de ir à sala para parabenizá-los pelo gesto de carinho aos mestres, às cozinheiras e faxineiras, ao porteiro e até ao pai de uma cadeirante, que alguém homenageou pelo cuidado de estar todos os dias, no intervalo, cuidando da filha.

Esse exemplo mostra que o educador pode moldar os sentimentos e os interesses dos seus educandos usando de múltiplas alternativas em suas atividades pedagógicas. Segundo Luckesi (2011, p. 134):

> Importa, por meio da prática pedagógica, ajudar o educando a construir um modo de ser que integre o seu passado, o seu presente e o seu futuro. Nesse contexto, o educador não tem a solução completa para todas as experiências de aprendizagem do educando, mas deve ser aquele que, amorosamente, acolhe, nutre, sustenta e confronta sua experiência, seus anseios e caminhos, para que o outro construa sua trajetória pessoal enquanto aprende e se desenvolve.

Com a confiança dos alunos conquistada, eles já haviam se esquecido da aposta sobre a troca de professor. Agora estavam empenhados em um projeto de Ciências, no qual mostrariam a Terra em movimento. Cada grupo fez o seu trabalho com maquetes sobre vulcões, maremotos, terremotos e tsunamis. Foi encantador ver os olhos brilharem a cada apresentação, pois eles sabiam que tinham vencido grandes barreiras, eram procurados por outros alunos para explicarem cada projeto.

Entre muitos outros, também trabalhamos em um projeto interdisciplinar em que eles pesquisaram sobre animais e plantas da região, e depois escreveram dois livros naturalistas – a sala foi dividida ao meio e cada grupo fez o seu livro. Nele, além de fotos e alguns objetos encontrados nos passeios, havia poemas feitos por eles e de poetas, que falavam das riquezas natural e cultural da cidade.

3.2 RESULTADOS E DISCUSSÕES

Os alunos ficaram totalmente envolvidos e começaram a acreditar em suas capacidades de vencer obstáculos. Eles conversavam em casa sobre seus resultados e suas conquistas, e pais que nunca tinham ido à escola compareciam para assistirem às apresentações de trabalhos, curiosos de como tudo funcionaria, o que se dava pela euforia dos alunos em suas casas, chegando até a levarem algo para mostrarem aos pais.

Os alunos que antes se sentiam pressionados pelo processo classificatório, não temiam mais as avaliações bimestrais, sabiam que eram avaliados continuamente e teriam aquele momento de avaliação escrita apenas como mais um momento das aulas. Levavam a sério cada etapa das atividades avaliativas, mas cientes que o mais importante era a busca pelo conhecimento e não a conquista de uma nota. Desse modo, a nota passou a ser compreendida como uma das consequências do processo de aprendizagem, sem que tivesse a importância de antes.

Essa ressignificação do momento da avaliação possibilitou trabalhar melhor o controle emocional dos alunos, o que permitiu vivenciarmos momentos singulares e inovadores como foi o caso da realização de um momento de avaliação no momento em que alguns alunos da turma participavam de jogos interclasses na modalidade futsal. Esse momento ocorreu no estádio poliesportivo municipal, sendo portanto, fora do ambiente físico da escola e concomitante com outro evento da vivência escolar de muita relevância para os alunos.

A estratégia foi pensada diante da constatação da impossibilidade de que todos estivessem em sala de aula no dia destinado a aplicação de provas conforme o calendário escolar. Logo que a Direção da escola avisou sobre a coincidência de datas entre os jogos e a semana de provas, e considerando nossa perspectiva de avaliação em que os alunos são parte importante também no momento de definição das estratégias avaliativas, mantivemos diálogo com eles de maneira que as duas atividades (o jogo e a avaliação) foram combinadas.

Apesar do estado emocional que, em geral, um jogo causa, especialmente quando o time para o qual se torce e representa a turma em questão está classificado para a próxima etapa mais decisiva, que era a situação da turma, a conjugação das duas atividades foi compreendida com naturalidade pelos alunos. Desse modo, combinamos que no dia do jogo (a segunda-feira), todos (jogadores e torcedores e não torcedores) da turma, estaríamos no ginásio para também realizarmos as atividades avaliativas de maneira integrada entre Artes, Educação Ambiental e Educação Física.

Compreendemos com essa experiência de que a busca pelo diálogo é capaz de estabelecer e desenvolver atitudes colaborativas e autocompromisso dos alunos com sua própria aprendizagem. Esse momento possibilitou que eles participassem dos jogos, quer fosse jogando ou torcendo, e realizassem as atividades avaliativas dentro do cronograma definido pela escola. As principais lições que ficaram, entre tantas, foram a da responsabilidade e a da compreensão de que a avaliação não constitui um momento de julgamento em que o medo de ser observado é notório na tradição escolar, além de que, quando o processo visa a aprendizagem, a avaliação é mais um momento integrado a esse processo e portanto é encarado com normalidade.

Sobre essas relações interativas, Perrenoud (1999, p. 139) diz:

> Quaisquer que sejam as razões de uns e de outros, a participação nas interações didáticas dá origem a uma forma de excelência valorizada pelo professor e por uma parte dos alunos. O professor ainda que não seja completamente tolo, pouco pode privar-se de alunos cooperativos, que o ajudem a construir um "diálogo socrático" nos limites do programa e do tempo disponível. Essa forma de excelência relaciona-se com a excelência escolar simplesmente, e os alunos que se engajam nessa competição reforçam verdadeiramente suas próprias aprendizagens e, de qualquer modo, seu valor escolar [...].

Após conquistar os alunos, percebi que, na verdade, grande parte da turma era alfabetizada sim, porém eram rotulados e ninguém nunca se incomodara de saber o porquê da dificuldade de aprendizado. Com certeza, nem queriam tirá-los da lista de não alfabetizados, pois não é tão simples assim alguém do quinto ano, considerado analfabeto, ser percebido como alfabetizado. Uma das explicações para isso é a rotulação. Todos os que passaram a ser vistos como alfabetizados após alcançarem confiança e liberdade de expressão, confessaram que não liam porque realmente acreditavam que eram analfabetos. Um chegou a mencionar que não sabia ler porque a mãe dizia que ele não sabia, ou seja, nem a família acreditava nesses alunos.

Ao perceberem que poderiam ler com calma, lentamente, pois ninguém iria rir, já que todos estavam ali para aprender, descobri que apenas dois alunos efetivamente não sabiam ler (eram alunos com NEE), três estavam em processo de alfabetização e grande parte era alfabetizada, mas não letrado; apenas dois alunos eram letrados e alfabetizados.

Com o tempo, consegui letrar e alfabetizar 80% da turma. E conforme as participações iam melhorando, o número de faltas, inclusive dos mais faltosos, também diminuiu, o comportamento mudou, as notas melhoram nos três itens avaliados e eles já não reclamavam de atividades que se consideravam incapazes de fazer.

De acordo com Perrenoud (1999, p. 140):

> Pode-se esperar que uma pedagogia diferenciada, praticada com coerência desde o início da escolaridade, consiga prever as rejeições da escola baseadas no ressentimento, na desvalorização de si mesmo, na amargura que acompanha o fracasso escolar. De imediato, toda tentativa da pedagogia diferenciada esbarra em desigualdades bem-instaladas e em alunos que rejeitam a escola, porque ela os rejeitou.

Ao final, consegui resgatar os sonhos desses alunos. A menina grandona que ameaçava professores começou a ser alfabetizada e estava muito feliz com seu desempenho. Ela tinha muito medo das aulas de História, dizia não ser boa nessa disciplina, mas a verdade é que muita letra a incomodava. Porém ela passou a entender os códigos da leitura, as aulas começaram a ser comentadas e isso a deixou mais leve.

A seguir, temos imagens do diário de classe (um pouco bagunçado – não se esqueçam de que foi preenchido por uma iniciante), no qual podemos perceber uma mudança no boletim de todos. Vale lembrar que esses resultados foram obtidos a partir de vários objetos de avaliações e que, apesar de vários diagnósticos para trabalharmos a individualidade do aluno, há objetos que precisam serem mantidos para que os educandos entendam que a avaliação está totalmente ligada à educação e que o objetivo principal não é o número e, sim, seu desenvolvimento.

Imagem 1 – Notas do 1º e 2º bimestres

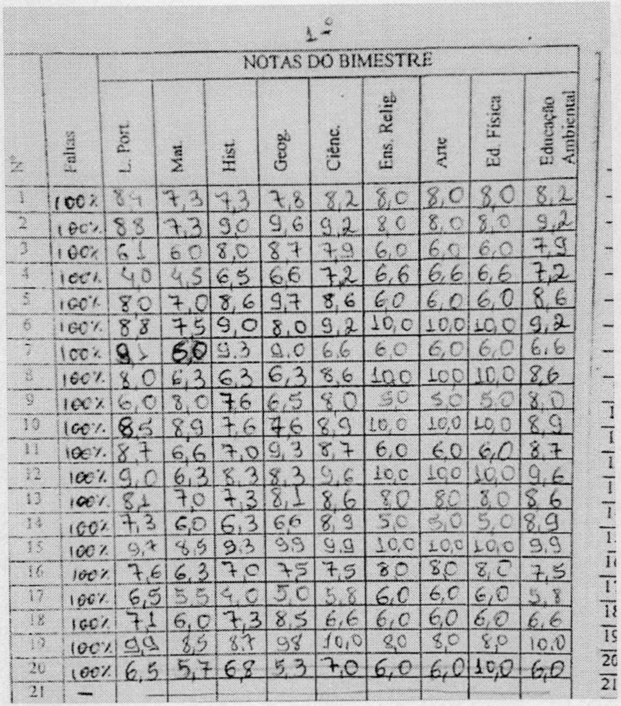

1º

Nº	Faltas	NOTAS DO BIMESTRE								
		L. Port.	Mat.	Hist.	Geog.	Ciênc.	Ens. Relig.	Arte	Ed. Física	Educação Ambiental
1	100%	8,4	7,3	7,3	7,8	8,2	8,0	8,0	8,0	8,2
2	100%	8,8	7,3	9,0	9,6	9,2	8,0	8,0	8,0	9,2
3	100%	6,1	6,0	8,0	8,7	7,9	6,0	6,0	6,0	7,9
4	100%	4,0	4,5	6,5	6,6	7,2	6,6	6,6	6,6	7,2
5	100%	8,0	7,0	8,6	9,7	8,6	6,0	6,0	6,0	8,6
6	100%	8,8	7,5	9,0	8,0	9,2	10,0	10,0	10,0	9,2
7	100%	9,1	6,0	9,3	9,0	6,6	6,0	6,0	6,0	6,6
8	100%	8,0	6,3	6,3	6,3	8,6	10,0	10,0	10,0	8,6
9	100%	6,0	8,0	7,6	6,5	8,0	5,0	5,0	5,0	8,0
10	100%	8,5	8,9	7,6	7,6	8,9	10,0	10,0	10,0	8,9
11	100%	8,7	6,6	7,0	9,3	8,7	6,0	6,0	6,0	8,7
12	100%	9,0	6,3	8,3	8,3	9,6	10,0	10,0	10,0	9,6
13	100%	8,1	7,0	7,3	8,1	8,6	8,0	8,0	8,0	8,6
14	100%	7,3	6,0	6,3	6,6	8,9	5,0	5,0	5,0	8,9
15	100%	9,7	8,5	9,3	9,9	9,9	10,0	10,0	10,0	9,9
16	100%	7,6	6,3	7,0	7,5	7,5	8,0	8,0	8,0	7,5
17	100%	6,5	5,5	4,0	5,0	5,8	6,0	6,0	6,0	5,8
18	100%	7,1	6,0	7,3	8,5	6,6	6,0	6,0	6,0	6,6
19	100%	9,9	8,5	8,7	9,8	10,0	8,0	8,0	8,0	10,0
20	100%	6,5	5,7	6,8	5,3	7,0	6,0	6,0	10,0	6,0
21	–									

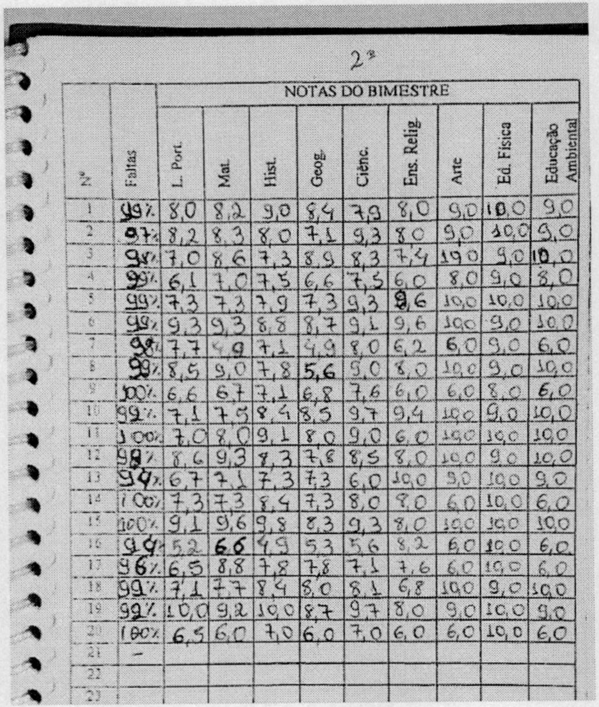

2º

Nº	Faltas	NOTAS DO BIMESTRE								
		L. Port.	Mat.	Hist.	Geog.	Ciênc.	Ens. Relig.	Arte	Ed. Física	Educação Ambiental
1	99%	8,0	8,2	9,0	8,4	7,9	8,0	9,0	10,0	9,0
2	97%	8,2	8,3	8,0	7,1	9,3	8,0	9,0	10,0	9,0
3	98%	7,0	8,6	7,3	8,9	8,3	7,4	10,0	9,0	10,0
4	99%	6,1	7,0	7,5	6,6	7,5	6,0	8,0	9,0	8,0
5	99%	7,3	7,3	7,9	7,3	9,3	9,6	10,0	10,0	10,0
6	99%	9,3	9,3	8,8	8,7	9,1	9,6	10,0	9,0	10,0
7	98%	7,7	4,9	7,1	4,9	8,0	6,2	6,0	9,0	6,0
8	98%	8,5	9,0	7,8	5,6	9,0	8,0	10,0	9,0	10,0
9	100%	6,6	6,7	7,1	6,8	7,6	6,0	6,0	8,0	6,0
10	99%	7,1	7,5	8,4	8,5	9,7	9,4	10,0	9,0	10,0
11	100%	7,0	8,0	9,1	8,0	9,0	6,0	10,0	10,0	10,0
12	98%	8,6	9,3	8,3	7,8	8,5	8,0	10,0	9,0	10,0
13	94%	6,7	7,1	7,3	7,3	6,0	10,0	9,0	10,0	9,0
14	100%	7,3	7,3	8,4	7,3	8,0	8,0	6,0	10,0	6,0
15	100%	9,1	9,6	9,8	8,3	9,3	8,0	10,0	10,0	10,0
16	99%	5,2	6,6	4,9	5,3	5,6	8,2	6,0	10,0	6,0
17	96%	6,5	8,8	7,8	7,8	7,1	7,6	6,0	10,0	6,0
18	99%	7,1	7,7	8,4	8,0	8,1	6,8	10,0	9,0	10,0
19	99%	10,0	9,2	10,0	8,7	9,7	8,0	9,0	10,0	9,0
20	100%	6,5	6,0	7,0	6,0	7,0	6,0	6,0	10,0	6,0
21	–									
22										
23										

Fonte: Diário Escolar da EMVO, 2015

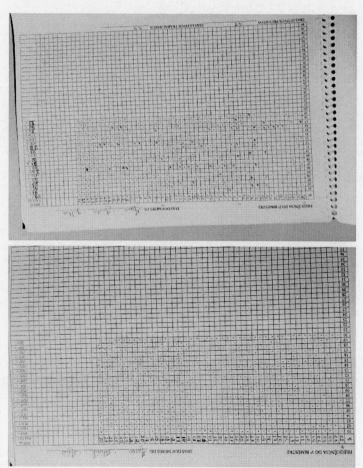

Imagem 2 – Lista de frequência do 1º e 2º bimestres

Fonte: Diário Escolar da EMVO, 2015

Imagem 3 – Notas do 3° e 4° bimestres

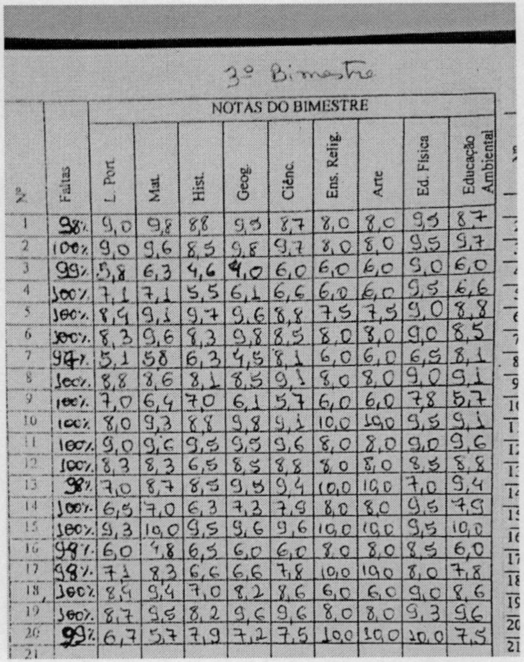

3º Bimestre

NOTAS DO BIMESTRE

Nº	Faltas	L. Port.	Mat.	Hist.	Geog.	Ciênc.	Ens. Relig.	Arte	Ed. Física	Educação Ambiental
1	98%	9,0	9,8	8,8	9,5	8,7	8,0	8,0	9,5	8,7
2	100%	9,0	9,6	8,5	9,8	9,7	8,0	8,0	9,5	9,7
3	99%	5,8	6,3	4,6	4,0	6,0	6,0	6,0	9,0	6,0
4	100%	7,1	7,1	5,5	6,1	6,6	6,0	6,0	9,5	6,6
5	100%	8,4	9,1	9,7	9,6	8,8	7,5	7,5	9,0	8,8
6	100%	8,3	9,6	8,3	9,8	8,5	8,0	8,0	9,0	8,5
7	94%	5,1	5,8	6,3	4,5	8,1	6,0	6,0	6,5	8,1
8	100%	8,8	8,6	8,1	8,5	9,1	8,0	8,0	9,0	9,1
9	100%	7,0	6,4	7,0	6,1	5,7	6,0	6,0	7,8	5,7
10	100%	8,0	9,3	8,8	9,8	9,1	10,0	10,0	9,5	9,1
11	100%	9,0	9,6	9,5	9,5	9,6	8,0	8,0	9,0	9,6
12	100%	8,3	8,3	6,5	8,5	8,8	8,0	8,0	8,5	8,8
13	98%	7,0	8,7	8,5	9,5	9,4	10,0	10,0	7,0	9,4
14	100%	6,5	7,0	6,3	7,3	7,9	8,0	8,0	9,5	7,9
15	100%	9,3	10,0	9,5	9,6	9,6	10,0	10,0	9,5	10,0
16	98%	6,0	4,8	6,5	6,0	6,0	8,0	8,0	8,5	6,0
17	98%	7,1	8,3	6,6	6,6	7,8	10,0	10,0	8,0	7,8
18	100%	8,4	9,4	7,0	8,2	8,6	6,0	6,0	9,0	8,6
19	100%	8,7	9,5	8,2	9,6	9,6	8,0	8,0	9,3	9,6
20	99%	6,7	5,7	7,9	7,2	7,5	10,0	10,0	10,0	7,5
21										

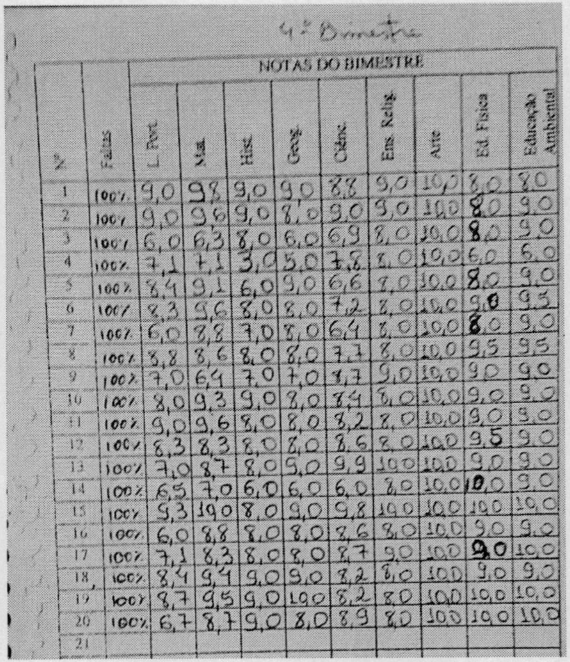

4º Bimestre

NOTAS DO BIMESTRE

Nº	Faltas	L. Port.	Mat.	Hist.	Geog.	Ciênc.	Ens. Relig.	Arte	Ed. Física	Educação Ambiental
1	100%	9,0	9,8	9,0	9,0	8,8	9,0	10,0	8,0	8,0
2	100%	9,0	9,6	9,0	8,0	9,0	9,0	10,0	8,0	9,0
3	100%	6,0	6,3	8,0	6,0	6,9	8,0	10,0	8,0	9,0
4	100%	7,1	7,1	3,0	5,0	7,8	8,0	10,0	6,0	6,0
5	100%	8,4	9,1	6,0	9,0	6,6	8,0	10,0	8,0	9,0
6	100%	8,3	9,6	8,0	8,0	7,2	8,0	10,0	9,0	9,5
7	100%	6,0	8,8	7,0	8,0	6,4	8,0	10,0	8,0	9,0
8	100%	8,8	8,6	8,0	8,0	7,7	8,0	10,0	9,5	9,5
9	100%	7,0	6,4	7,0	7,0	8,7	9,0	10,0	9,0	9,0
10	100%	8,0	9,3	9,0	8,0	8,4	8,0	10,0	9,0	9,0
11	100%	9,0	9,6	8,0	8,0	8,2	8,0	10,0	9,0	9,0
12	100%	8,3	8,3	8,0	8,0	8,6	8,0	10,0	9,5	9,0
13	100%	7,0	8,7	8,0	9,0	9,9	10,0	10,0	9,0	9,0
14	100%	6,5	7,0	6,0	6,0	6,0	8,0	10,0	10,0	9,0
15	100%	9,3	10,0	8,0	9,0	9,8	10,0	10,0	10,0	10,0
16	100%	6,0	8,8	8,0	8,0	8,6	8,0	10,0	9,0	9,0
17	100%	7,1	8,3	8,0	8,0	8,7	9,0	10,0	9,0	10,0
18	100%	8,4	9,4	9,0	9,0	8,2	8,0	10,0	9,0	9,0
19	100%	8,7	9,5	9,0	10,0	8,2	8,0	10,0	10,0	10,0
20	100%	6,7	8,7	9,0	8,0	8,9	8,0	10,0	10,0	10,0
21										

Fonte: Diário Escolar da EMVO, 2015

Imagem 4 – Lista de frequência do 3º e 4º bimestres

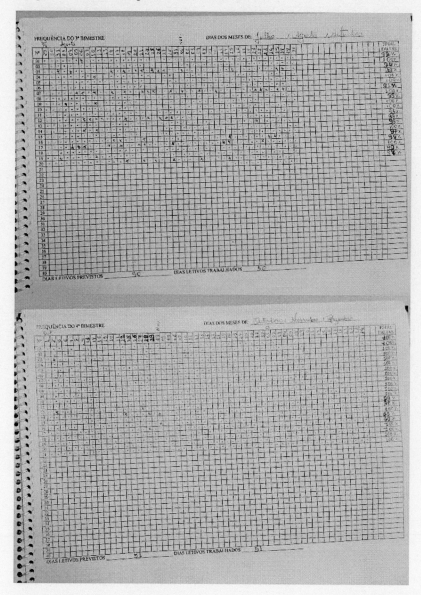

Fonte: Diário Escolar da EMVO, 2015

Imagem 1 – Referem-se aos 1º e 2º bimestres. É possível perceber a melhoria no desempenho de apenas alguns alunos. Como mencionado anteriormente, a intervenção foi feita já passados trinta dias do 1º bimestre. Podemos constatar isso com a ficha de frequência.

Imagem 2 – Com relação às faltas, não se deve levar em consideração o 1º bimestre, pois os diários eram entregues com atraso, não havendo possibilidade de cobrar a presença dos alunos. Porém, de 20 alunos, havia uma frequência diária, aleatória, de apenas 12 deles (no 1º bimestre). Já no 2 bimestre, quando o projeto já estava em atividade, houve melhora na assiduidade das aulas. Mas vemos melhores resultados nas **imagens 3 e 4**, que trazem resultados do 3º e 4º bimestres.

Alguns alunos continuavam com dificuldades de interpretação, outros ainda estavam em processo de leitura, mas já havia uma dedicação maior, todos davam importância às aulas e não deixavam de fazer as tarefas. E como inicialmente davam importância aos números do boletim, empenharam-se na tentativa de barganha, o que gerou amplo rendimento no aprendizado e uma transformação no comportamento e na frequência das aulas. O comportamento foi além da sala de aula e eles se descobriram de forma diferente.

Todos passaram a se empenhar e a torcer para chegar logo o dia da Prova Brasil. No terceiro bimestre fizemos um simulado e obtivemos ótimos resultados, entretanto não o esperado em um 5º ano. Então usamos a correção do simulado para tirar dúvidas, acreditando que valeria a pena todo esforço, pois se eles tinham conseguido modificar o boletim, com certeza conseguiriam atingir a meta do Ideb da escola naquele ano.

O que é o Prova Brasil, segundo o Portal MEC (2018):

> A Prova Brasil e o Sistema Nacional de Avaliação da Educação Básica (Saeb) são avaliações para diagnóstico, em larga escala, desenvolvidas pelo Instituto Nacional de Estudos e Pesquisas Educacionais Anísio Teixeira (Inep/MEC). Têm o objetivo de avaliar a qualidade do ensino oferecido pelo sistema educacional brasileiro a partir de testes padronizados e questionários socioeconômicos. Nos testes aplica-

dos na quarta e oitava séries (quinto e nono anos) do Ensino Fundamental, os estudantes respondem a itens (questões) de língua portuguesa, com foco em leitura, e matemática, com foco na resolução de problemas. No questionário socioeconômico, os estudantes fornecem informações sobre fatores de contexto que podem estar associados ao desempenho. Professores e diretores das turmas e escolas avaliadas também respondem a questionários que coletam dados demográficos, perfil profissional e de condições de trabalho. A partir das informações do Saeb e da Prova Brasil, o MEC e as secretarias estaduais e municipais de Educação podem definir ações voltadas ao aprimoramento da qualidade da educação no país e a redução das desigualdades existentes, promovendo, por exemplo, a correção de distorções e debilidades identificadas e direcionando seus recursos técnicos e financeiros para áreas identificadas como prioritárias. As médias de desempenho nessas avaliações também subsidiam o cálculo do Índice de Desenvolvimento da Educação Básica (Ideb), ao lado das taxas de aprovação nessas esferas. Além disso, os dados também estão disponíveis para toda a sociedade que, a partir dos resultados, pode acompanhar as políticas implementadas pelas diferentes esferas de governo. No caso da Prova Brasil, ainda pode ser observado o desempenho específico de cada rede de ensino e do sistema como um todo das escolas públicas urbanas e rurais do país.

Os professores da escola que não encaravam bem os estagiários parabenizaram-me pelo trabalho desenvolvido com a turma. Alguns, que costumavam pedir ao porteiro para ir à sala do 5° ano para pedir que fizessem silêncio, às vezes perguntavam se não havia aula para a turma naquele dia, pois não havia tumulto. Nas reuniões de pais e mestres, os alunos recebiam elogios pelo desempenho e começou a haver mais frequência dos pais, pois eles não iam mais para receberem reclamações e, sim, para constatarem as mudanças e os êxitos obtidos.

Finalmente chegou o dia da Prova Brasil. Estavam todos confiantes, pois tinham sido preparados para esse momento. Essa avaliação, faz diagnósticos em longa escala e também o desempenho específico de cada rede de ensino bem como de todo sistema das escolas públicas urbanas e rurais de todo Brasil, a cada ano há uma media a ser alcançada ou superada. Na instituição em questão, a última media alcançada teria sido a de 2013, que era a de apenas 3.8, com a aplicação da metodologia, conseguiu-se uma meta que estava projetada para além de 2021.

Vejamos imagem do Inep (2016):

Imagem 5 – Resultados e metas do Ideb 2016 – EMMVO

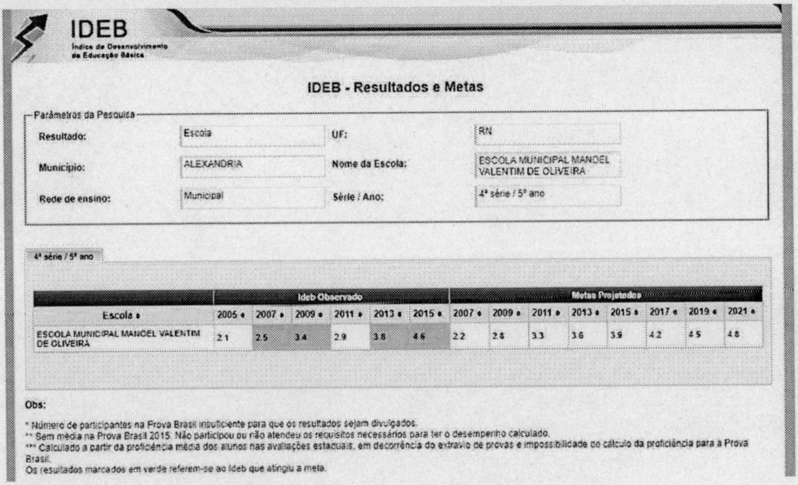

![Imagem do IDEB - Resultados e Metas mostrando dados da Escola Municipal Manoel Valentim de Oliveira, em Alexandria/RN, rede municipal, 4ª série / 5º ano. Ideb Observado: 2005: 2,1; 2007: 2,5; 2009: 3,4; 2011: 2,9; 2013: 3,8; 2015: 4,6. Metas Projetadas: 2007: 2,2; 2009: 2,6; 2011: 3,3; 2013: 3,6; 2015: 3,9; 2017: 4,2; 2019: 4,5; 2021: 4,8.]

Fonte: http://ideb.inep.gov.br/resultado. Acesso em: 23 set. 2017

Esses resultados foram obtidos pelas turmas do 5° ano dos turnos matutino e vespertino da EMMVO; aproximadamente 40 alunos foram avaliados.

O exame é aplicado por um monitor, enviado pela Direc responsável pela região. Os professores que atuam em sala também realizam uma espécie de exame, que envolve questionários sobre sua formação e práticas pedagógicas. Os alunos respondem uma avaliação de Língua Portuguesa, contendo gramática e interpretação textual com variados gêneros textuais; outra de Matemática, envolvendo lógica e questões básicas; e um questionário sobre as práticas pedagógicas do professor.

CONSIDERAÇÕES FINAIS

A partir da pesquisa é possível perceber a forma como a avaliação escolar é vista pelos professores, além de sua realização. Por meio dos questionários percebe-se que há um entendimento sobre uma avaliação diferenciada e geradora de conhecimento, diferentemente da avaliação tradicional, que é classificatória e exclusiva. Porém percebemos que apesar desse entendimento de mudança há falta de habilitação e de apoio para se trabalhar de modo diferencial.

No processo de pesquisa foram analisados os posicionamentos acerca do assunto constatei muita preocupação por parte dos educadores na busca de entender como se dá o ensino-aprendizagem dos alunos; mas há um grande paradoxo quando se ouve falar de uma avaliação contínua e prazerosa e não se busca uma mudança para o melhoramento no ensino-aprendizagem.

Ao estudar os teóricos que pesquisam sobre uma avaliação formativa e emancipatória, percebi que se insere no uso dessa prática uma educação voltada para uma realidade mais dinâmica e construtivista. Partindo desse pressuposto entende-se o motivo de a maioria optar por uma avaliação mecanizada e tradicional, pois avaliar nesse contexto é muito prático, exige apenas alguns minutos de somas de números e o aluno é constatado como inteligente ou ininteligente.

Alguns professores, por exigência da instituição de ensino ou por terem lido teorias de avaliações desafiadoras, sentem-se oprimidos por ainda usarem o método tradicional e decidem modificar a sua prática avaliativa, dividem suas notas como 7,0 de avaliação escrita + 2,0 de testes ou vistos no caderno + 1,0 de comportamento. Essa preocupação é importante, porém o que vemos? Aparentemente o aluno esta sendo avaliado como um todo, mas, como saber o que pesa mais? Sabendo que na sala de aula existe alunos comportados que não conseguem desenvolver-se no aprendizado e alunos não comportados que conquistam bons desempenhos nas atividades, essa divisão avaliativa pode tratar-se apenas de uma camuflagem da avaliação tradicional, em que a prova escrita não é o único mecanismo avaliativo, mas ainda tem o maior peso e o restante funciona como bônus, visto que não há uma sistemática de que o aluno que se garante em uma ou duas das três categorias avaliadas possa garantir uma boa nota quando não tem muita habilidade de responder a um questionário que carrega o maior peso avaliativo. Como exemplo no dia a dia escolar temos: trabalhos apresentados, testes e o comportamento, títulos atribuídos ao fracionamento do "famoso" dez.

Vejamos: se um aluno está todos os dias em sala de aula, ou pelo menos precisa estar, por qual motivo esse comportamento equivale a apenas 10% ou 20% do valor avaliativo? O restante é dividido entre avaliação escrita e testes, que não apresentam questões suficientes para testar uma porcentagem favorável ao aprendizado do aluno, quando o comportamento é algo que envolve sentimentos, conduta, formações familiar e escolar, desenvolvimentos cognitivo e motor, participações de atividades, melhoramentos de habilidades, entre outras características que nem devem ser mencionadas, pois cada indivíduo desenvolve-se de maneira singular.

Há uma falta de preocupação no que se refere à qualificação para avaliar, alguns nem percebem que não estão prontos para falar do assunto nem se habilitam a responder, até que se deparam com um questionário sobre o tema e não têm condições de responder mais do que a primeira pergunta: "Qual a metodologia mais utilizada para avaliar seus alunos?". A maioria das respostas foi: "Avaliação continuada". Ao serem interrogados(as) sobre como ela é feita, o que, na verdade, já deveria ser respondido na pergunta sobre a metodologia, as respostas surpreenderam, pois foram discorridas características da avaliação tradicional camuflada citada no parágrafo anterior; e quando se questiona sobre avaliação formativa ou emancipatória, eles simplesmente disseram não estarem aptos a responder o questionário por falta de conhecimento no assunto.

De 10 questionários distribuídos, apenas quatro professores responderam, o que me fez perceber que apesar das minhas abordagens sobre o assunto e de aparentemente mostrarem interesse, ainda não haviam recebido a formação adequada nem mostraram interesse de fato em aprofundar-se no assunto ou abrir mão da abordagem classificatória.

Este estudo contribuiu para compreender como a Avaliação Participante é fundamental para o desempenho mental e psicológico do aluno, pois se passa a entender que nem toda avaliação continuada é formativa e causa bem-estar ao professor e ao aluno, gerando um relacionamento de troca de experiências mútuas, além de autoestima e crescimento no ensino-aprendizagem. "A avaliação formativa se constrói em uma lógica *cooperativa*, baseada na hipótese de que o aluno quer aprender e faz tudo o que pode para esse fim" PERRENOUD (1999, p. 141, grifo do autor).

O professor é peça-chave nesse desenvolvimento, pois o esforço e o desempenho dos alunos dependem da priorização e da excelência em seu trabalho, fazendo-o sentir-se parte da escola, gerando pessoas que estudam por acreditarem em si próprias, pois o educador emancipador consegue abrir fronteiras no entendimento do "Eu" do educando, levando-o a ver-se como participante da sociedade escolar, atuante na educação geradora da sua própria autonomia. Porém não há como gerar participação quando não se é participante . Diante dessa afirmativa, percebe-se que há lacunas na formação docente, o que reflete na sua prática pedagógica.

A metodologia avaliativa, quando voltada para o lado investigativo, gera a descoberta do fracasso escolar, além da percepção das ações pedagógicas, que é para ser o verdadeiro sentido da avaliação. Mas não é algo fácil a se fazer, o professor com caráter participativo especula o seu campo de trabalho, que, nesse caso, seria o educando falando individualmente, pois é assim que deve ser feito. No entanto a realidade o assusta, pois ele se depara com salas de aulas lotadas de pessoas com individualidades e uma diversidade de causas não reveladas a serem descobertas. Assim, a maioria opta por fazer uma soma de notas obtidas por questionários elaborados a partir de conteúdos corriqueiros e apenas classificar sua turma entre bons e maus alunos. "Para mudar as práticas no sentido de uma avaliação *mais formativa, menos seletiva*, talvez se deve mudar a escola pois a avaliação está no centro do sistema didático e do sistema de ensino" (PERRENOUD, 1999, p. 145, grifo do autor).

Espera-se que as informações aqui contidas ajudem os educadores a diferenciar os resultados entre a avaliação classificatória e a emancipatória, que os conteúdos abordados colaborem para uma melhor compreensão do processo avaliativo como um eixo de desenvolvimento cognitivo, bem como a conscientização da necessidade da contínua autoavaliação na prática de ensino-aprendizagem do(a) professor(a).

REFERÊNCIAS

ARANHA, Maria de A. Matia Helena Pires. **Filosofando**: introdução à filosofia. São Paulo: Moderna, 2013.

BRASIL. **Plano Nacional de Educação 2014-2024** [recurso eletrônico]. Brasília: Câmara dos Deputados; Edições Câmara, 2014. 86 p.

CAMBI, Franco. **História da educação**. São Paulo. São Paulo: Editora da Universidade Estadual Paulista, 1999.

COCCO, Eliane Maria; SUDBRACK, Edite Maria. **Avaliação no contexto escolar**: regulação e/ou emancipação. IX ANPED SUL. Porto Alegre: Universidade Federal do Rio Grande do Sul, 2012.

CHUEIRI, Mery Stela Ferreira. Concepções sobre a avaliação escolar. **Estudos em Avaliação Educacional**, São Paulo, v. 19, n. 39, jan./abr. 2008.

DEMO, Pedro. Teoria e prática da avaliação qualitativa. **Temas do 2º Congresso Internacional sobre Avaliação na Educação**, Curitiba, p. 156-166, 2004.

DIAS DE CARVALHO, A. **Epistemologia das ciências da Educação**. Porto: Afrontamento, 1988 (Biblioteca das Ciências Humanas).

DINIZ, Margareth *et al*. A formação e a condição docente num contexto de complexidade e diversidade. **Formação docente**, Belo Horizonte, v. 3, n. 4, jan./jul. 2011. Disponível em: http://formacaodocente.autenticaeditora.com.br/artigo/exibir/9/26/1. Acesso em: 5 jan. 2015.

FREIRE, Paulo. **Pedagogia da autonomia**: saberes necessários à prática educativa. São Paulo: Paz e Terra, 1996.

GHIRALDELLI JR., Paulo. **História da educação**. 2. ed. rev. São Paulo: Cortez, 1994. (Coleção Magistério. 2º grau. Série Formação do Professor).

GONÇALVES, Alba L.; LARCHERT, Jeanes M. **Avaliação da aprendizagem**: pedagogia. v. 6. módulo 4. Ilhéus: Editus, 2011.

GRILLO, Marlene Correro; FREITAS, Ana Lúcia Souza de. Autoavaliação: por que e como realizá-la. *In*: GRILLO, Marlene Correro; GESSINGER, Rosana Maria (org.). **Por que falar ainda em avaliação?** [recurso eletrônico]. Porto Alegre: Editora Universitária da PUCRS, 2010. p. 45-49.

HOFFMANN, Jussara. **Avaliação. Mito e desafio.** Uma perspectiva construtivista. 43. ed. Porto Alegre: Mediação, 2013.

LIBÂNEO, José Carlos. **Pedagogia e pedagogos, para quê?** 3. ed. São Paulo: Cortez, 2008.

LIMA, Valderez Marina do Rosário; GRILLO, Marlene Correro. Questões sobre a avaliação da aprendizagem: a voz dos professores. *In*: GRILLO, Marlene Correro; GESSINGER, Rosana Maria (org.). **Por que falar ainda em avaliação?** [recurso eletrônico]. Porto Alegre: EDIPUCRS, 2010. p. 24-34.

LUCKESI, Cipriano Carlos. **Avaliação da aprendizagem escolar**. São Paulo: Cortez, 1997.

LUCKESI, Cipriano Carlos. **Avaliação da aprendizagem escolar**. 14. ed. São Paulo: Cortez, 2002.

LUCKESI, Cipriano Carlos. **Avaliação da aprendizagem na escola**: reelaborando conceitos e recriando a prática. Salvador: Malabares Comunicação e Eventos, 2003.

LUCKESI, Cipriano Carlos. **Avaliação da aprendizagem**: componente do ato pedagógico. São Paulo: Cortez, 2011a.

LUCKESI, Cipriano Carlos. **Avaliação da aprendizagem escolar**: estudos e proposições. 22. edição. São Paulo: Cortez, 2011b.

LOCH, Jussara M. de Paula. **Avaliação: uma perspectiva emancipatória**. In: Química na Escola, nº 12, novembro, 2000, p. 31.

MARINHO, Simão Pedro P. Redes sociais virtuais. Terão elas espaço na escola? *In*: DALBEN, Ângela Imaculada Loureiro de Freitas; PEREIRA, Julio Emilio Diniz; LEAL, Leiva de Figueiredo Viana; SANTOS, Lucíola Licínio de Castro Paixão (org.). **Convergências e tensões no campo da formação e do trabalho docente. Belo Horizonte: Autêntica, 2010. p. 197-213. (Coleção Didática e Prática de Ensino).

MINISTÉRIO DA EDUCAÇÃO. **Planejando a próxima década**: conhecendo as 20 metas do Plano Nacional de Educação. Disponível em: http://pne.mec.gov.br/images/pdf/pne_conhecendo_20_metas.pdf. Acesso em: 6 jan. 2015.

MINISTÉRIO DA EDUCAÇÃO. Prova Brasil – Apresentação. Portal MEC, 2028. Disponível em: http://portal.mec.gov.br/prova-brasil. Acesso em: 10 out. 2023.

PERRENOUD, Philippe. **Avaliação**: da excelência à regulação das aprendizagens – entre duas lógicas. Tradução de Patrícia Chittoni Ramos. Porto Alegre: Artmed, 1999.

RIBEIRO, Maria Luisa dos Santos. **História da educação no Brasil**. 8. ed. São Paulo: Cortez; Autores Associados, 1988.

RIBEIRO, Maria Luisa dos Santos. **História da educação brasileira** – A organização escolar. 20. ed. Campinas: Autores Associados, 2007.

SANTOS, Monalize Rigon da; VARELA, Simone. **A Avaliação como um instrumento diagnóstico da construção do conhecimento nas séries iniciais do ensino fundamental**. In: Revista Eletrônica de Educação, [S.l.], ano 1, n. 1, ago./dez. 2007.

SANTOS, Fátima. O mistério da fita azul – Vale a pena conhecer. **Escola para pregadores**, [2017?]. Disponível em: http://www.escolaparapregadores.com/o-misterio-da-fita-azul-vale-a-pena-conhecer/. Acesso em: 23 set. 2017.

UNIVERSIDADE ESTADUAL PAULISTA. Pró-Reitoria de Graduação. **Caderno de formação**: formação de professores, educação, cultura e desenvolvimento. v. 1. São Paulo: Cultura Acadêmica, 2010.

ZANELATTO, Ivone Maria. **Recursos de avaliação escolar**. Medianeira: Universidade Tecnológica Federal do Paraná, 2008.